Die Finanzierung der EU:
Ein Beitrag zur europäischen Integration

von

Daniela Lindenthal

Daniela Lindenthal

DIE FINANZIERUNG DER EU:
EIN BEITRAG ZUR EUROPÄISCHEN INTEGRATION

ibidem-Verlag
Stuttgart

Die Deutsche Bibliothek - CIP-Einheitsaufnahme:

Ein Titeldatensatz für diese Publikation ist bei
Der Deutschen Bibliothek erhältlich

∞

Gedruckt auf alterungsbeständigem, säurefreien Papier
Printed on acid-free paper

ISBN: 3-89821-066-9

Printed in Germany

Inhaltsverzeichnis

Abbildungsverzeichnis

Tabellenverzeichnis

Abkürzungsverzeichnis

A = Österreich
ABl. = Amtsblatt
Abs. = Absatz
Anm. = Anmerkung
Art. = Artikel

B = Belgien
Bd. = Band
BIP = Bruttoinlandsprodukt
BSP = Bruttosozialprodukt
Bsp. = Beispiel
bspw. = beispielsweise
bzgl. = bezüglich
bzw. = beziehungsweise

D = Deutschland
d.h. = das heißt
DK = Dänemark
DIW = Deutsches Institut für Wirtschaftsforschung
DM = Deutsche Mark

E = Spanien
EAG = Europäische Atomgemeinschaft
EAGFL = Europäischer Ausgleichs- und Garantiefonds für die Landwirtschaft
EAGV = Vertrag über die Europäische Atomgemeinschaft
ECU = European Currency Unit
EEA = Einheitliche Europäische Akte
EEF = Europäischer Entwicklungsfonds
EFRE = Europäischer Fonds für Regionale Entwicklung
EG = Europäische Gemeinschaften

EGKS	=	Europäische Gemeinschaft für Kohle und Stahl
EGKSV	=	Vertrag über die Europäische Gemeinschaft für Kohle und Stahl
EIB	=	Europäische Investitionsbank
EM	=	Eigenmittel
EM-B	=	Eigenmittelbeschluss
EP	=	Europäisches Parlament
EPU	=	Europäische Politische Union
EPZ	=	Europäische Politische Zusammenarbeit
ESF	=	Europäischer Sozialfonds
ESZB	=	Europäisches System der Zentralbanken
EU	=	Europäische Union
EUV	=	Vertrag über die Europäische Union
EVG	=	Europäische Verteidigungsgemeinschaft
EWG	=	Europäische Wirtschaftsgemeinschaft
EWGV	=	Vertrag über die Europäische Wirtschaftsgemeinschaft
EWS	=	Europäisches Währungssystem
EWWU	=	Europäische Wirtschafts- und Währungsunion
e.V.	=	eingetragener Verein
evtl.	=	eventuell
exkl.	=	exklusiv
F	=	Frankreich
FIAF	=	Finanzinstrument für die Ausrichtung der Fischerei
GAP	=	Gemeinsame Agrarpolitik
GASP	=	Gemeinsame Außen- und Sicherheitspolitik
GATT	=	General Agreement on Tariffs and Trade
GR	=	Griechenland
GZT	=	Gemeinsamer Zolltarif
Hrsg.	=	Herausgeber

I	=	Italien
IMP	=	Integrierte Mittelmeerprogramme
inkl.	=	inklusive
IRL	=	Irland
L	=	Luxemburg
MdEP	=	Mitglied des Europäischen Parlaments
Mio.	=	Millionen
MOE	=	Mittel- und Osteuropa
Mrd.	=	Milliarden
MwSt	=	Mehrwertsteuer
NL	=	Niederlande
Nr.	=	Nummer
No.	=	Number
OECD	=	Organization for Economic Cooperation and Development
o.O.	=	ohne Ort
o.V.	=	ohne Verfasser
P	=	Portugal
PHARE	=	Poland and Hungary aid for economic restructuring
RdNr.	=	Randnummer
S	=	Schweden
SF	=	Finnland
sog.	=	so genannt
TACIS	=	Technical Assistance for the Commonwealth of Independent States
TEM	=	Traditionelle Eigenmittel

u.a.	=	unter anderem
USA	=	United States of America (Vereinigte Staaten von Amerika)
usw.	=	und so weiter
v.a.	=	vor allem
Vgl.	=	Vergleiche
VK	=	Vereinigtes Königreich
WEU	=	Westeuropäische Union
WSI	=	Wirtschafts- und Sozialwissenschaftliches Institut
WTO	=	World Trade Organization
WWU	=	Wirtschafts- und Währungsunion
z.B.	=	zum Beispiel

1. Einleitung

Seit Beginn der 90er Jahre klagt die deutsche Bundesregierung über die ihrer Meinung nach zu hohen Zahlungen an die Brüsseler Kasse; die sog. „Nettozahler-Diskussion“ lebte wieder auf. Die Regierung betonte, sie sei nicht länger bereit, die Verwirklichung einer Politischen Union durch Geldzahlungen zu unterstützen. Vor diesem Hintergrund erwuchs die Idee, sich die Finanzierung der Europäischen Union (EU)[1] genauer anzusehen und sich der Frage zuzuwenden, welchen Beitrag die Finanzierung zur europäischen Integration leistet. Die zu untersuchende These lautet deshalb: Die Finanzierung der EU trägt zur europäischen Integration bei.

Um diese These zu verifizieren, erwies es sich als ratsam, nur die Einnahmeseite zu betrachten. Es wurde sehr sparsam mit Zahlen, Tabellen und Grafiken umgegangen. Nur wo es zur besseren Verständlichkeit beitrug, wurden sie eingesetzt. Das verwendete Zahlenmaterial stützte sich ausschließlich auf Veröffentlichungen der Gemeinschaft. Nur die „offiziellen“ Haushaltsposten spielten für die Untersuchung eine Rolle. Die sog. Schattenhaushalte EIB und EEF fanden für die Arbeit keine Beachtung. Die Art der Einnahmen und die Art und Weise ihrer Erzielung waren nicht von Belang. Um die Diskussion um die Nettozahlungen zu verstehen, muss zum Beginn der Integration zurückgegangen werden, die auf das 1951 mit der Gründung der EGKS datiert werden kann. Es wird chronologisch aufgezeigt, wie sich die Finanzierung im Laufe der Zeit bis zum Jahr 1999 entwickelt hat.

---

[1] Angemerkt werden muss die Verwendung der Begriffe Europäische Gemeinschaften (EG) und Europäische Union (EU). Nach der Fusion von EGKS, EAG und EWG im Jahr 1965 entstand die Bezeichnung EG, die bis zur Unterzeichnung des Maastrichter Vertrages im Jahr 1991 benutzt wurde. Danach wird von der EU gesprochen, deren Grundlage von der EG, der Gemeinsamen Außen- und Sicherheitspolitik (GASP) und der Zusammenarbeit in der Innen- und Rechtspolitik gebildet wird.

Neben der Betrachtung der Einnahmeseite stellte sich im Laufe der Überlegungen heraus, dass zur Untersuchung der These auch die Rückfluss-Seite betrachtet werden muss. Denn bei den Gipfelverhandlungen wurden diese zwei Bereiche miteinander verknüpft. Es hat sich auch gezeigt, dass die Verhandlungen und deren Ergebnisse die nationalstaatlichen Interessen der Mitgliedsländer widerspiegeln; aus diesem Grund wurden die Interessen Deutschlands, Großbritanniens und Frankreichs an der europäischen Integration untersucht. Aufgrund dieser Vorstellungen können die Positionen der Länder auf den Gipfeltreffen zum Thema „Integration“ besser verstanden werden.

Die Zahlung an die Brüsseler Kasse ist mit dem Begriff des „Nettozahlers“ eng verknüpft. Deswegen wurde untersucht, was darunter verstanden wird; denn nur dann kann die Rückfluss-Diskussion richtig verfolgt werden, die Einfluss auf die Einnahmen hat.

Die Arbeit gliedert sich in zwei Hauptpunkte. In Kapitel 2 wird die Entstehung von EGSK, EAG und EWG nachgezeichnet und erläutert die in den Verträgen niedergelegten Finanzierungsgrundsätze. Anschließend wird darauf aufbauend die Entwicklung der Finanzierung der EU vom ersten Eigenmittelbeschluss (EM-B) im Jahr 1970, bis zu den jüngsten Beschlüssen auf dem Berliner Gipfel im Jahr 1999 untersucht. In Kapitel 3 wendet sich die Arbeit der Rückfluss-Seite und den nationalen Interessen von Deutschland (3.2.1), Großbritannien (3.2.2) und Frankreich (3.2.3) an der europäischen Integration zu. Zuvor erfolgt eine Definition des Begriffes „Nettozahler“ (3.1). In Kapitel 4 wird ein kurzer Ausblick auf die weitere Entwicklung der Finanzierung vor dem Hintergrund der Ost-Erweiterung gegeben.

Die These, dass die Finanzierung zur Integration der europäischen Union beiträgt wird nun in den folgenden Kapiteln untersucht.

2. Entwicklung des Finanzsystems vor dem Hintergrund nationalstaatlicher Interessenpolitik

In diesem Kapitel wird untersucht, wie sich das Einnahmesystem zur Finanzierung der Gemeinschaften im Laufe der Zeit entwickelt hat. Dazu werden die Verläufe der Gipfeltreffen, die sich mit diesem Thema befasst haben, nachgezeichnet. Des Weiteren werden die Auswirkungen der Einnahmebeschlüsse analysiert. Die Interessen der einzelnen Mitgliedstaaten am Zustandekommen der Vereinbarungen finden Berücksichtigung, da hierdurch bereits die Europa-Vorstellungen der Mitgliedsländer sichtbar werden.

2.1 Die Entstehung der Europäischen Gemeinschaft für Kohle und Stahl (EGKS), der Europäischen Atomgemeinschaft (EAG) und der Europäischen Wirtschaftsgemeinschaft (EWG) sowie die Finanzierung dieser Gemeinschaften zwischen 1951 – 1970

Bis zur Gründung der Europäischen Gemeinschaften (EG) im Jahre 1967 bestanden die darin vereinigten Gemeinschaften EGKS, EAG und EWG selbständig. Bereits im Jahr 1951 wurde der Vertrag zur Gründung der EGKS unterzeichnet. Im Jahr 1958 folgten die EAG und die EWG nach.

2.1.1 Die EGKS[2]

Der Beginn des Integrationsprozesses, der bis zum heutigen Tag andauert, ist auf den 18. April 1951 zu datieren. An diesem Tag unterzeichneten die Bundesrepublik Deutschland, Italien, Frankreich sowie Belgien, Luxemburg und die Niederlande[3] in Paris den Vertrag zur Gründung der EGKS[4] (EGKSV). Am 23. Juli 1952
trat dieser Vertrag in Kraft, dessen Gültigkeit nach 50 Jahren im Jahr 2002 ausläuft (Art. 97)[5].

Die Ziele dieses Vertrages wurden in Art. 2 formuliert[6]:

a) Ausweitung der Wirtschaft;
b) Steigerung der Beschäftigung;
c) Hebung der Lebenshaltung in den Mitgliedstaaten.

Die Verfolgung dieser Ziele sollte „im Einklang mit der Gesamtwirtschaft der Mitgliedstaaten und auf der Grundlage eines gemeinsamen Marktes" gemäß Art. 2 erfolgen. Der Vertrag hatte zum Inhalt, Zölle, Kontingente und Sondertarife im Bereich von Kohle und Stahl abzubauen.[7]

---

2 Als Synonym dafür wird der Ausdruck „Montanunion" verwendet.

3 Auch bezeichnet als Benelux-Länder.

4 Deswegen läuft dieser Vertrag auch unter dem Begriff „Pariser Vertrag". Die Verwendung von Städtenamen im Zusammenhang mit bestimmten Verträgen hat sich im Laufe der Jahre entwickelt. Dies bedeutet, dass der Vertrag in dieser Stadt unterzeichnet wurde.

5 „Dieser Vertrag gilt für die Dauer von fünfzig Jahren vom Zeitpunkt seines Inkrafttretens an." (Entnommen aus: Europäische Gemeinschaften (1983); Seite 107.)

6 „Die Europäische Gemeinschaft für Kohle und Stahl ist dazu berufen, im Einklang mit der Gesamtwirtschaft der Mitgliedstaaten und auf der Grundlage eines gemeinsamen Marktes, wie er in Artikel 4 näher bestimmt ist, zur Ausweitung der Wirtschaft, zur Steigerung der Beschäftigung und zur Hebung der Lebenshaltung in den Mitgliedstaaten beizutragen." (Entnommen aus: Europäische Gemeinschaften (1983); Seite 19.)

7 Vgl. Woyke, Wichard (1998); Seite 304.

Der ökonomische Zweck, der bei der Gründung eine Rolle spielte, war zweitrangig; vordergründig ging es um politische Belange. Die Kohle- und Stahlindustrie war in der Vergangenheit als Waffenschmiede – der 2. Weltkrieg war erst vor wenigen Jahren zu Ende gegangen – ein äußerst wichtiger Bestandteil der Rüstungswirtschaft. Diese beiden sog. Schlüsselindustrien sollten unter dem Dach einer supranationalen Organisation integriert und damit Kriege zwischen der Bundesrepublik Deutschland und Frankreich unmöglich gemacht werden.[8] Gleichzeitig wurde durch die Gründung der EGKS die Grundlage zur Aussöhnung zwischen Deutschland und Frankreich gelegt[9] und der Wunsch nach Schaffung eines Grundsteins für eine europäische Föderation verwirklicht[10]. Die Staaten sollten auf diesem Gebiet Zuständigkeiten abgeben und miteinander verflochten werden. Aufgrund des angestrebten und verwirklichten Souveränitätsverzichts traten z.B. Großbritannien, die skandinavischen[11] und neutralen Staaten[12] diesem Abkommen nicht bei.[13] Deutschland fiel der Verzicht nicht schwer, denn das Land besaß zu diesem Zeitpunkt nur eingeschränkte Souveränität. Durch diesen Vertrag wurde der Bundesrepublik jedoch die Anerkennung als gleichberechtigtem Mitglied zuteil.[14]

Die angedachte supranationale Organisation sollte mit eigenen Organen ausgestattet werden. Auf dieser Grundlage wurden der Montanunion eine begrenzte Finanzautonomie und der Hohen Behörde[15] eine eigene Finanzhoheit eingeräumt. Zur Erfüllung ihrer vertraglichen Aufgaben war sie nach

---

[8] Vgl. Freudenstein, Roland (1997); Seite 43.

[9] Vgl. Woyke, Wichard (1998); Seite 304.

[10] Vgl. Weidenfeld, Werner (1995); Seite 17.

[11] Dänemark, Schweden, Norwegen.

[12] Schweiz, Österreich.

[13] Vgl. Schultz, Martin (1995); Seite 153.

[14] o.V. (1988); Seite 11.

[15] „Die Hohe Behörde hat die Aufgabe, für die Erreichung der in diesem Vertrag festgelegten Zwecke nach Maßgabe des Vertrages zu sorgen." (Art. 8) (Entnommen aus: Europäische Gemeinschaften (1983); Seite 25.) Sie ist das Exekutivorgan der Gemeinschaft.

Art. 49[16] berechtigt, Umlagen auf die Erzeugung von Kohle und Stahl zu erheben und Anleihen aufzunehmen.[17] Die Gemeinschaft verfügte damit über eigene Einnahmen[18]. Die Finanzverwaltungen der Mitgliedstaaten spielten bei der Mittelaufbringung keine Rolle. Die Umlage wurde unmittelbar von den Unternehmen des Montanbereichs erhoben.[19] In der Literatur wird die Umlage übereinstimmend als erste europäische Steuer angesehen.[20] Neben Umlagen und Anleihen besaß die Gemeinschaft weitere, jedoch wenig ertragreiche Finanzquellen. Der Vollständigkeit halber seien sie hier genannt[21]:

- Spezielle Umlagen (Art. 58 § 2)[22];
- Zinseinnahmen, durch Anlage von Umlagemitteln und Darlehensvergabe aus Anleihemitteln;
- Sonstige Einnahmen:
  - Beiträge der Angestellten zur Rentenversicherung der Gemeinschaft;
  - Steuern auf Löhne und Gehälter des Personals;

---

16 „Die Hohe Behörde ist berechtigt, sich durch die Erhebung von Umlagen auf die Erzeugung von Kohle und Stahl, durch Aufnahme von Anleihen die zur Erfüllung ihrer Aufgaben erforderlichen Mittel zu beschaffen." (Entnommen aus: Europäische Gemeinschaften (1983); Seite 52.)

17 Auch zur Annahme unentgeltlicher Zuwendungen war sie berechtigt. „Sie kann unentgeltliche Zuwendungen entgegennehmen." (Art. 49) (Entnommen aus: Europäische Gemeinschaften (1983); Seite 52.)

18 Eine genauere Definition dieses Begriffes findet sich unter Punkt 2.1.4 .

19 Vgl. Nittka, Ulrich (1979); Seite 27; Auf die Erhebung und Verwendung der Umlage wird in dieser Arbeit nicht eingegangen. Für eine ausführliche Darstellung siehe: Nittka, Ulrich (1979); Seite 23 – 38.

20 Vgl. Nittka, Ulrich (1979); Seite 29. Er führt die Voraussetzungen zur Erfüllung einer Steuer auf. Peffekoven, Rolf (1994); Seite 37; ABl. C 241 vom 31. Juli 1998; Seite 60.

21 Vgl. Peffekoven, Rolf (1994); Seite 39f. .

22 „Sie [die Hohe Behörde; Anm. der Verfasserin] kann insbesondere die Kapazitätsausnutzung der Unternehmen durch geeignete Umlagen auf die Mengen regeln, die ein Vergleichsniveau überschreiten, das durch eine allgemeine Entscheidung festgesetzt worden ist." (Entnommen aus: Europäische Gemeinschaften (1983); Seite 60.)

- Einnahmen aus der Verhängung finanzieller Sanktionen und Zwangsgeldern (Art. 52)[23];
- währungsbedingte Gewinne durch Paritätsänderungen.

Wie bereits ausgeführt, war eine politische Integration vorrangiger als eine ökonomische. Doch auf politischem Gebiet kamen die Staats- und Regierungschefs nicht weiter, wie der gescheiterte Versuch einer Europäischen Verteidigungsgemeinschaft (EVG) im Jahr 1954 deutlich machte.

Im Jahr 1955 im italienischen Messina formulierten die Vertreter der EGKS-Mitgliedstaaten als Reaktion darauf folgende Sätze:

> *„Die Regierung der Bundesrepublik Deutschland, Belgiens, Frankreichs, Italiens, Luxemburgs und der Niederlande halten den Augenblick für gekommen, einen neuen Abschnitt auf dem Wege zum Aufbau Europas in Angriff zu nehmen. Sie sind der Meinung,* ***daß dies zunächst auf wirtschaftlichem Gebiet geschehen muß.*** *Sie sind der Ansicht, daß auf dem Wege zur Schaffung eines geeinten Europas weitergegangen werden muß: durch Entwicklung gemeinsamer Institutionen, durch fortschreitende Verschmelzung der Nationalwirtschaften, durch* ***Errichtung eines gemeinsamen Marktes*** *und durch fortschreitende Harmonisierung ihrer Sozialpolitik. Eine solche Politik erscheint ihnen unerläßlich, um Europa seinen Platz in der Welt zu erhalten, um ihm seinen Einfluß und seine Geltung zurückzugeben und um die Lebenshaltung seiner Bevölkerung ständig zu heben.“*[24]

Deshalb wurde auf dieser Konferenz der sechs Außenminister am 1./2. Juni 1955 beschlossen, Verhandlungen über die Integration weiterer Sektoren zu

---

[23] „Die Mitgliedstaaten erlassen alle geeigneten Vorschriften, um [...] die Transferierung der aus Umlagen, finanziellen Sanktionen und Zwangsgeldern stammenden Geldmittel und des Reservefonds so weit zu sichern, wie dies für ihre Verwendung zu den in diesem Vertrag bestimmten Zwecken erforderlich ist.“ (Entnommen aus: Europäische Gemeinschaften (1983); Seite 54.)

[24] Entschließung der Außenminister der Mitgliedstaaten der Montangemeinschaft; zitiert nach: Thiel, Elke (1994); Seite 12.

beginnen.[25] Als Vorbild dazu diente die EGKS. Die Auswirkungen dieser Konferenz und die folgenden Verhandlungen waren die Unterzeichnung der Römischen Verträge und damit die Gründung von EAG und EWG.[26] Hanns Jürgen Küsters bezeichnete die Resolution deshalb als entscheidenden Schritt zur Ingangsetzung neuer Integrationsinitiativen.[27]

2.1.2 Die EAG[28]

Zusammen mit der Europäischen Wirtschaftsgemeinschaft (EWG)[29] wurde die Europäische Atomgemeinschaft (EAG) am 25. März 1957 ins Leben gerufen[30] und trat am 1. Januar 1958 in Kraft. Auch der Vertrag zur Errichtung einer Europäischen Atomgemeinschaft (EAGV) ist auf einen spezifischen Bereich – in diesem Fall die Atomenergie – zugeschnitten. Analog zur EGKS wurde die EAG gegründet, um die als Schlüsselbranche angesehene Atomindustrie supranational zu verflechten und so die Kriegsgefahr zu bannen. Die EAG war jedoch ein primär politisches Vorhaben, das seine Lebenskraft aus dem europäischen Einigungsgedanken zog.[31] Diese Gemeinschaft kam nur auf der Grundlage eines Kompromisses zustande. Deutschland und die Niederlande wollten eine weitere Integration über die Errichtung einer Wirtschaftsgemeinschaft verwirklicht sehen. Als Gegenleistung (oder Preis) akzeptierten sie die Forderung Frankreichs nach Gründung einer Atomgemeinschaft.[32]

---

[25] Es wurde die Spaak-Kommission eingerichtet, benannt nach dem belgischen Vorsitzenden Paul-Henri Spaak.
[26] Vgl. Hillenbrand, Olaf (1995); Seite 378.
[27] Vgl. Küsters, Hanns Jürgen (1982); Seite 506.
[28] Als Synonym dafür wird der Ausdruck „Euratom“ verwendet.
[29] Siehe dazu Punkt 2.1.3 .
[30] Beide Verträge werden auch unter dem Begriff „Römische Verträge“ subsumiert.
[31] Vgl. Weilemann, Peter (1983); Seite 190.
[32] Vgl. Weilemann, Peter (1983); Seite 191.

In Art. 1 des EAGV wurden die Aufgaben geregelt; sie bestanden darin, „durch die Schaffung der für die schnelle Bildung und Entwicklung von Kernindustrien erforderlichen Voraussetzungen zur Hebung der Lebenshaltung in den Mitgliedstaaten und zur Entwicklung der Beziehungen mit den anderen Ländern beizutragen“[33].

In Art. 172 wurde die Finanzierung der Gemeinschaft festgelegt[34]; die Kernenergie steckte zu dieser Zeit noch im Anfangsstadium. Um ein rascheres Fortkommen zu ermöglichen, welches im Interesse aller Unterzeichnerstaaten lag, wurde beschlossen, die Finanzierung durch Finanzbeiträge der Mitgliedstaaten zu regeln.[35] Es gab sowohl einen Beitragsschlüssel für den Verwaltungs-, als auch für den Forschungs- und Investitionshaushalt[36]. In Abs. 4 des Art. 172 wurde der EAG gestattet, Anleihen aufzunehmen.[37]

Auch die EAG verfügte über sonstige Einnahmen, wenn auch nur als durchlaufende Posten. Diese waren Steuern auf Löhne und Gehälter der Angestellten der EAG sowie deren Beiträge zur Altersversorgung.[38]

---

[33] Entnommen aus: Europäische Gemeinschaften (1983); Seite 353.

[34] Siehe dazu Tabelle 1.

[35] Vgl. Biehl, Dieter; Winter, Horst (1990); Seite 56f. .

[36] Siehe dazu Tabelle 1.

[37] „Anleihen, die zur Finanzierung der Forschungen oder der Investitionen bestimmt sind, werden unter den vom Rat festgelegten Bedingungen aufgenommen.“ (Entnommen aus: Europäische Gemeinschaften (1983); Seite 442.)

[38] Vgl. Peffekoven, Rolf (1994); Seite 42.

Tabelle 1: Finanzbeiträge der einzelnen Länder am Verwaltungs-, Forschungs- und Investitionshaushalt in % (Art. 172 Abs. 1 und 2)[39]

Mitgliedsland	Verwaltungshaushalt	Forschungs- und Investitionshaushalt
Belgien	7,9	9,9
Deutschland	28,0	30,0
Frankreich	28,0	30,0
Italien	28,0	23,0
Luxemburg	0,2	0,2
Niederlande	7,9	6,9

Der Art. 173 enthielt weiterhin die Aussicht auf die Ersetzung der Finanzbeiträge durch eigene Mittel der Gemeinschaft.[40]

In diesem Vertrag wurde ersichtlich, dass die Integration nicht mehr so eng erfolgen sollte wie noch bei der EGKS, dies bedeutete, dass eine supranationale Gemeinschaft nicht mehr angestrebt wurde. Die EAG war in der Finanzierung weitgehend auf Finanzbeiträge der Mitgliedstaaten angewiesen. Es existierte also eine eingeschränkte Finanzautonomie.

---

[39] Entnommen aus: Europäische Gemeinschaften (1983); Seite 441f. .

[40] „Die in Artikel 172 vorgesehenen Finanzbeiträge der Mitgliedstaaten können ganz oder teilweise durch das Aufkommen aus Umlagen ersetzt werden, welche die Gemeinschaft in den Mitgliedstaaten erhebt." (Entnommen aus: Europäische Gemeinschaften (1983); Seite 442.)

2.1.3 Die EWG

Wie unter Punkt 2.1.1 bereits ausgeführt, hatte die Montanunion zum Ziel, einen neuerlichen Krieg zwischen Deutschland und Frankreich zu verhindern. Beim Vertrag zur Gründung der Europäischen Wirtschaftsgemeinschaft (EWGV) fehlte eine solche Absicht. Der wirtschaftliche Wiederaufbau Deutschlands war gut vorangekommen und die deutsche Wirtschaft konnte aus einem Gemeinsamen Markt großen Nutzen ziehen, da sich die wichtigsten Märkte der Nachbarstaaten durch den Vertrag über die EWG öffneten. Frankreich sperrte sich nicht mehr gegen ein solches Vorhaben. Grund dafür war u.a. die Suez-Krise im Jahr 1956. Adenauer nutzte diese Schwäche nicht aus; vielmehr war er Frankreich gegenüber zu Konzessionen bereit.

> *„As Franco-German reconciliation lay at the core of the Community and the Community was the key to Germany`s postwar rehabilitation, Adenauer would pay almost any price to placate Paris.“*[41]

Damit Frankreich der EWG beitreten konnte, wurde dem Wunsch Frankreichs nach Integration der verbliebenen überseeischen Besitzungen in den Gemeinsamen Markt entsprochen. Darüber hinaus wurde die Wirtschaftsunion auf Agrarprodukte ausgedehnt; dadurch eröffneten sich der französischen Landwirtschaft weitere Absatzgebiete. Nach Carl Ehrhardt ist die GAP für das stark agrarisch geprägte Frankreich die „wesentliche Geschäftsgrundlage einer Teilnahme am Integrationsprozeß“[42]. Im Gegenzug stimmte Deutschland für die Errichtung der EAG. Frankreich behielt sich dabei das Recht vor, außerhalb der Gemeinschaft militärische Atomrüstung zu betreiben.[43]

---

[41] Dinan, Desmond (1994); Seite 33.

[42] Ehrhardt, Carl (1982); Seite 226.

[43] Vgl. Koch, Peter (1985); Seite 300.

Diese deutsch-französische Annäherung zeigte sich auch in der Wahl des Deutschen Walter Hallstein zum ersten Präsidenten der EWG-Kommission.[44] Als zweites deutsches Kommissionsmitglied wurde Hans von der Groeben berufen.[45]

Der Vertrag über die EWG erweiterte und vertiefte die wirtschaftliche Integration, die bereits durch die Gründung der Montanunion begonnen wurde.

In Art. 2 wurden die Ziele des Vertrages dargelegt[46]:

a) Errichtung eines Gemeinsamen Marktes;
b) Schrittweise Annäherung der Wirtschaftspolitik der Mitgliedstaaten;
c) Harmonische Entwicklung des Wirtschaftslebens innerhalb der Gemeinschaft;
d) Beständige und ausgewogene Wirtschaftsausweitung,
e) Größere Stabilität;
f) Beschleunigte Hebung der Lebenshaltung;
g) Förderung engerer Beziehungen zwischen den Staaten.

Kern des EWG-Integrationskonzeptes waren und sind die sog. „Vier Freiheiten": freie Mobilität von Waren, Personen, Dienstleistungen und Kapital. Nur dadurch können eine Zollunion und ein Gemeinsamer Markt realisiert

---

[44] Vgl. Koch, Peter (1985); Seite 300.

[45] Vgl. Müller-Roschach, Herbert (1974); Seite 50.

[46] „Aufgabe der Gemeinschaft ist es, durch die Errichtung eines Gemeinsamen Marktes und die schrittweise Annäherung der Wirtschaftspolitik der Mitgliedstaaten eine harmonische Entwicklung des Wirtschaftslebens innerhalb der Gemeinschaft, eine beständige und ausgewogene Wirtschaftsausweitung, eine größere Stabilität, eine beschleunigte Hebung der Lebenshaltung und engere Beziehungen zwischen den Staaten zu fördern, die in dieser Gemeinschaft zusammengeschlossen sind." (Entnommen aus: Europäische Gemeinschaften (1983); Seite 115.)

werden,[47] die das Kernstück und erstes Integrationsziel der EWG waren.[48] Damit war auch der Startschuss für gemeinsame Politiken gelegt. In der Folge wurden eine gemeinsame Agrar[49]- und später die Handelspolitik[50] in die Tat umgesetzt.

Finanziert hat sich die EWG, wie die EAG, durch Finanzbeiträge der Mitgliedstaaten. In Art. 200 wurde der Finanzschlüssel aufgeführt. [51] Neben den Einnahmen zur Finanzierung des Haushalts wurde in Art. 2 der Schlüssel zur Finanzierung des Sozialfonds aufgeführt.[52] Es zeigte sich, dass die Beitragssätze auch hier rein politisch waren. Erwin Reister widersprach der Ansicht, dass die Zahlungshöhe sich nach den Interessen der einzelnen Länder an den verschiedenen Ausgabenprogrammen bestimmte[53]. Seiner Meinung nach wurden die Beitragsschlüssel an der Wirtschaftskraft der Mitgliedsländer angelehnt, wenngleich er zugab, dass auch politische Erwägungen die Entscheidungen beeinflussten.[54] Volker Nienhaus sah den Beitragsschlüssel ebenfalls als politisch motiviert an.[55] Bernhard May hingegen teilte die Kriterien, die jeweils im Vordergrund standen, noch auf die einzelnen Finanzbereiche auf. Wirtschaftliche Gründe waren ausschlaggebend für die Finanzierung operativer Ausgaben[56] und primär politische Überlegungen bei der

---

[47] Vgl. Wartenweiler, Roland (1980); Seite 521; Art. 3 a und c EWGV.

[48] Art. 9 EWGV: „Grundlage der Gemeinschaft ist eine Zollunion, die sich auf den gesamten Warenaustausch erstreckt." (Entnommen aus: Europäische Gemeinschaften (1983); Seite 118.) Vollendet wurde die Zollunion im Jahre 1968.

[49] Art. 39 EWGV; 1962 wurde eine Verordnung zur Finanzierung der GAP erlassen, der bereits im EWGV vorgesehene Europäische Ausrichtungs- und Garantiefonds geschaffen (Art. 40 Abs. 4).

[50] Art. 110 EWGV.

[51] Siehe dazu Tabelle 2.

[52] Der Finanzschlüssel ist der Anteil den die einzelnen Mitgliedsländer an die Haushalte entrichten müssen, ausgedrückt als Anteil in Prozent.

[53] Vgl. Peffekoven, Rolf (1994); Seite 43; Strasser, Daniel (1991); Seite 90.

[54] Vgl. Reister, Erwin (1975); Seite 27.

[55] Vgl. Nienhaus, Volker (1993); Seite 31.

[56] Dabei sind die Verwaltungsausgaben nicht einbezogen. (Vgl. Bulletin der EU (1998); Seite 74.)

Festlegung der Matrikularbeiträge für den Verwaltungshaushalt. Letzteres beeinflusste die Stimmengewichtung der Mitglieder bei Mehrheitsentscheidungen.[57] Die EWG besaß keine Befugnis zur Aufnahme von Anleihen. Diese Gemeinschaft hatte keinerlei Finanzautonomie inne.

Tabelle 2: Finanzbeiträge der einzelnen Länder am allgemeinen Haushalt und Finanzbeiträge zur Deckung der Ausgaben des Europäischen Sozialfonds in % (Art. 200 Abs. 1 und 2)[58]

Mitgliedsland	Allgemeiner Haushalt	Europäischer Sozialfonds
Belgien	7,9	8,8
Deutschland	28,0	32,0
Frankreich	28,0	32,0
Italien	28,0	20,0
Luxemburg	0,2	0,2
Niederlande	7,9	7,0

Auch der EWG flossen außer den Finanzbeiträgen noch weitere Mittel zu[59]:

- Steuern auf Löhne und Gehälter der Bediensteten;
- Beiträge zur Alterssicherung der Bediensteten;
- Gewinne aus der Veränderung der Währungsparitäten;
- Zinseinnahmen aus vorübergehend nicht benötigten Finanzmitteln;
- Erlöse aus dem Verkauf und der Vermietung gemeinschaftseigener Gegenstände;
- Erlöse aus dem Verkauf von Publikationen;
- Erlöse aus der Verhängung von Geldbußen und Zwangsgeldern.

---

57 Vgl. May, Bernhard (1982); Seite 29.

58 Entnommen aus: Europäische Gemeinschaften (1983); Seite 259.

59 Vgl. Peffekoven, Rolf (1994); Seite 44.

Auch der Vertrag über die EWG enthielt einen Artikel, der auf die Ersetzung eigener Mittel und damit die Unabhängigkeit von den Mitgliedern in finanzieller Hinsicht zielte (Art. 201).[60] Dieser Artikel wurde im Jahr 1970 realisiert[61]. Daran entzünden sich auch heute noch immer die Gemüter; insbesondere Großbritannien ist mit diesen Regelungen unzufrieden. Die Abgabe der Zoll- und Agrarabschöpfungen an die EU wird vom Vereinigten Königreich als ungerecht empfunden, denn durch die hohen Einfuhren des Landes sind die Zahlungen an die Brüsseler Kassen hoch.

Darüber hinaus wurde im EWG-Vertrag das politische Integrationsziel hervorgehoben. Neben der Einführung eigener Mittel, fand eine Europäische Versammlung (aus der später das EP entstand) Erwähnung, des Weiteren trafen die Vertragsparteien Vorkehrungen für ein gemeinsames politisches Handeln.

Die Beseitigung von Handelsbarrieren brachte große wirtschaftliche Vorteile, nämlich einen erweiterten Absatzmarkt ohne Zollschranken. Diese Impulse sollten die europäische Einigung insgesamt voranbringen.

> *„Die wachsende Verflechtung der Volkswirtschaften würde die Mitglieder einander näher bringen.“*[62]

Nationale Souveränität wurde in diesem Vertrag nicht weiter angetastet. Das Interesse Deutschlands an der Gründung der EWG war auch geprägt von den damit verbundenen wirtschaftlichen Vorteilen für die inländische Industrie. So eröffnete der Vertrag der exportorientierten Wirtschaft die wichtigen Absatzmärkte in den Nachbarländern. Den weiteren Integrationsprozess unterstützte Deutschland als aktiver Europaakteur, der zusammen mit Frankreich

---

60 „Die Kommission prüft, unter welchen Bedingungen die in Artikel 200 vorgesehenen Finanzbeiträge der Mitgliedstaaten durch eigene Mittel, insbesondere durch Einnahmen aus dem Gemeinsamen Zolltarif nach dessen endgültiger Einführung, ersetzt werden können.“ (Entnommen aus: Europäische Gemeinschaften (1983); Seite 259.)

61 Siehe dazu Punkt 2.1.4 .

62 Thiel, Elke (1994); Seite 13.

ab 1963 das „deutsch-französische Tandem“ bzw. den „deutsch-französischen Motor“ bildete.[63]

Wie in den vorangegangen Ausführungen deutlich wurde, war der EWG-Vertrag sehr wichtig für den weiteren Integrationsprozeß. Der EWG-Vertrag wurde in der Folgezeit stetig erweitert und führte zum Vertrag über die Europäische Union (EUV) 1992[64]. Für den Aspekt der Finanzierung bleibt herauszuheben, dass der Gemeinschaft sehr enge Grenzen auferlegt wurden; durch die nachfolgenden Beschlüsse wurden diese kaum erweitert. Die Gemeinschaft hatte keinerlei Finanzautonomie inne. Die Verflechtung der EWG auf der Ebene der Finanzierung kann kaum als supranational bezeichnet werden; die Gemeinschaft war in noch stärkerem Maße von den Finanzbeiträgen der Mitgliedstaaten abhängig. In dieser Zeit wurde der Grundstein gelegt für die zukünftige Entwicklung auf dem finanziellen Sektor, der starke Auswirkungen auf die gesamte Integration (also auch auf die politische) hatte. Laut Bernhard May stammten die Grundlagen für die darauf folgenden Finanzprobleme aus den Verhandlungen über EAG-Vertrag und EWG-Vertrag.[65]

Auffällig ist, dass die beiden letztgenannten Vertragswerke (EAGV, EWGV) ein Fehlen eigentlicher Finanzierungsgrundsätze aufweisen.[66] Es werden nur Finanzbeiträge erwähnt. Die Anleiheerlaubnis der EAG ist zu vernachlässigen.

Ein wichtiger Zwischenschritt auf dem Weg ins Jahr 1970 war der am 8. April 1965 in Brüssel unterzeichnete Fusionsvertrag. Darin verschmolzen EGKS, EAG und EWG und bildeten ab dem 1. Juli 1967 die Europäischen Gemeinschaften, kurz: EG. Die Organe der einzelnen Gemeinschaften wurden zusammengelegt.

---

[63] Vgl. Woyke, Wichard (1998); Seite 305.

[64] Als Synonym dafür wird der Begriff „Maastricht Vertrag“ verwendet.

[65] Vgl. May, Bernhard (1982); Seite 24.

[66] Vgl. Wartenweiler, Roland (1980); Seite 521.

2.1.4 Der Eigenmittelbeschluss von 1970

Erst kurz vor der ersten Erweiterung gelang es der Gemeinschaft, Finanzierungsgrundsätze in das Gemeinschaftsrecht zu implementieren. Der 21. April 1970 stellte einen Meilenstein in der Entwicklung der EG auf finanziellem Gebiet dar. Friedrich Fugmann konstatierte zu diesem EM-B:

> *„Die Motivation des Eigenmittelbeschlusses ist in dem Willen zur Schaffung einer fortschreitenden Finanzautonomie der Gemeinschaft zu sehen, der dadurch ein wichtiges Attribut der Staatlichkeit verliehen wird.“*[67]

In Art. 201 EWGV[68] und Art. 173 EAGV[69] aus dem Jahre 1958 war bereits von der Möglichkeit zur Ersetzung von Finanzbeiträgen durch eigene Mittel die Rede. Mit dem Luxemburger Vertrag wurden diese Artikel Realität. Ohne „Gegenleistung“[70] war dieser Beschluss aber nicht zustande gekommen. Im Jahr 1969 auf dem Haager Gipfel stellte der französische Staatspräsident Georges Pompidou die Forderung nach einer EG-Finanzverfassung; davon machte er seine Zustimmung zum EG-Beitritt Großbritanniens abhängig,[71] obwohl er wusste, dass die Finanzregelungen, v.a. bzgl. der Gemeinsamen Agrarpolitik (GAP), den Interessen Großbritanniens widersprachen.[72]

Am 1. April 1971 trat der „Beschluss über die Ersetzung der Finanzbeiträge der Mitgliedstaaten durch eigene Mittel der Gemeinschaften“ in Kraft.[73] Voraussetzung dafür war die vorläufige Einführung des Gemeinsamen Zoll-

---

67 Fugmann, Friedrich (1992); Seite 128.

68 Siehe Punkt 2.1.3 .

69 Siehe Punkt 2.1.2 .

70 Im Gemeinschaftsjargon „Package Deal“ genannt. Eine Erläuterung und kritische Auseinandersetzung mit diesem Begriff findet sich in: Bayer, Nikolaus (1993); Seite 621, Fußnote 754.

71 Vgl. Wartenweiler, Roland (1980); Seite 522.

72 Vgl. Wartenweiler, Roland (1980); Seite 522.

73 Die Verabschiedung erfolgte am 21. April 1970; ABl. L 94 vom 28. April 1970; Seite 19.

tarifs (GZT); dessen Erlöse in Art. 201 EWGV als eigene Einnahme vorgesehen waren. Die Verwirklichung dieses Vorhabens stieß auf erhebliche Widerstände, da Frankreich sieben Monate lang eine „Politik des leeren Stuhls" betrieb; denn die von der Kommission gemachten Vorschläge missfielen der Regierung[74], hätten sie doch einen weiteren Schritt hin zu mehr Supranationalität bedeutet.

Die Gemeinschaft sollte sich nach einer bis zum Jahr 1975 dauernden Übergangsphase vollständig aus eigenen Mitteln finanzieren.[75] Als eigene Mittel wurden in Art. 2[76] des Eigenmittelbeschlusses folgende Einnahmen angesehen[77]:

- Agrarabschöpfungen (einschließlich Zucker- und Isoglucoseabgaben) (Art. 2 a);
- Zölle des Gemeinsamen Zolltarifs (exklusiv Zölle auf EGKS-Produkte) (Art. 2 b), da die Gemeinschaft eine Zollunion ist;
- 1% einer einheitlichen MwSt-Bemessungsgrundlage (Art. 4)[78].

Alle drei oben erwähnten Einnahmearten werden auch als „eigene Einnahmen" bezeichnet, ohne dass dieser Begriff in amtlichen Texten jemals definiert wurde.[79]

---

[74] Im März 1965 machte die Kommission Vorschläge über die Finanzierung der GAP, über ein System eigener Einnahmen und über die Erweiterung der Befugnisse eines direkt zu wählenden Europäischen Parlaments und regte Mehrheitsentscheidungen im Ministerrat an. (Vgl. Strasser, Daniel (1991); Seite 27; Weidenfeld, Werner (1995); Seite 22.) Dies hätte einen weiteren Integrationsschritt, aber auch einen Souveränitätsverzicht nach sich gezogen.

[75] Genauere Regelungen dazu finden sich in: Bulletin der EG 1-70; Seite 20.

[76] ABl. L 94 vom 28. April 1970; Seite 20.

[77] Definition der nachfolgenden EM: siehe Busch, Berthold (1990); Seite 15 – 19; Messal, Rüdiger (1991); Seite 45 – 52 und 63 – 89.

[78] ABl. L 94 vom 28. April 1970; Seite 21.

[79] Vgl. Busch, Berthold (1990); Seite 12 – 15; Strasser, Daniel (1991); Seite 96; Messal, Rüdiger (1991); Seite 37 ff.; Fugmann, Friedrich (1992); Seite 152 – 160.

In der Zwischenzeit (1. Januar 1971 bis zum 31. Dezember 1974) entrichteten die Staaten weiterhin Finanzbeiträge (Art. 3 Abs. 2).[80]

10% der erhobenen Abschöpfungen, Beiträge und Zölle wurden den Mitgliedsländern als Erhebungskosten erstattet (Art. 3 Abs. 1).[81]

Erst ab dem Jahr 1980 wurde der Haushalt vollständig aus eigenen Mitteln finanziert; der Grund dafür war, dass vorher nicht genügend Staaten (es mussten mindestens drei sein) die sechste Richtlinie zur einheitlichen MwSt-Bemessungsgrundlage eingeführt hatten.[82] Dieser EM-B war bis zum Jahr 1985 in Kraft und wurde erst auf dem Gipfel von Fontainebleau im Jahr 1984[83] geändert.

Im Zusammenhang von Abschöpfungen und Zöllen wird meist von „originären Eigenmitteln" gesprochen. Auch heute noch stehen diese beiden Einnahmearten der Gemeinschaft direkt zu, denn aufgrund der Schaffung einer Zollunion und einer GAP war die EG für die Gestaltung dieser Politiken zuständig. Folglich standen ihr die Einnahmen direkt zu. Die nationalen Behörden erhoben die Abgaben und leiteten sie weiter. Die MwSt-Einnahmen können als Finanzbeiträge aufgefasst werden; auf sie hat die EG keinen direkten Zugriff.

---

[80] Vgl. ABl. L 94 vom 28. April 1970; Seite 21.

[81] Vgl. ABl. L 94 vom 28. April 1970; Seite 21.

[82] Zur genaueren Berechnung der MwSt-Bemessungsgrundlage siehe: Messal, Rüdiger (1991); Seite 63 – 89.

[83] Siehe dazu Punkt 2.2.1 .

2.2 Der Eigenmittelbeschluss von 1985 und seine Vorgeschichte

Bereits im Jahre 1983 wurde deutlich, dass die alten Finanzregelungen zur künftigen Haushaltsdeckung nicht mehr ausreichten; v.a. die Agrarausgaben waren stark angestiegen. Zudem waren im Jahr 1973 Irland, Großbritannien, Dänemark und im Jahr 1981 Griechenland der Gemeinschaft beigetreten und in Kürze sollten Spanien und Portugal folgen. Die daraus resultierenden Ausgaben waren mit dem 1%-igen MwSt-Anteil und den sonstigen Einnahmen nicht mehr zu finanzieren. Eine Neuregelung des Finanzsystems wurde unumgänglich.[84]

Bevor im Jahr 1985 ein neuer EM-B verabschiedet werden konnte, mussten sich die Staats- und Regierungsvertreter im Jahr 1984 auf dem Gipfel von Fontainebleau auf eine neue Finanzarchitektur einigen und für die Forderung Großbritanniens, nach Ausgleich für seine hohen Einzahlungen in den Gemeinschaftshaushalt, eine endgültige Lösung finden.

Im Verlauf des Gipfels zeigte sich auch das Integrationsinteresse der einzelnen Mitgliedsländer, allen voran Großbritannien, Frankreich und Deutschland.

---

[84] Für die Haushalte der Jahre 1984 und 1985 standen bereits nicht mehr genügend Mittel zur Verfügung. Die Mitgliedstaaten gewährten für das Jahr 1984 rückzahlbare und für das Jahr 1985 nicht-rückzahlbare Vorschüsse. (Vgl. European Commission (1995); Seite 20.)

2.2.1 Der Gipfel von Fontainebleau im Jahr 1984

2.2.1.1 Ausgangslage

Bereits im Jahr 1974, ein Jahr nach dem Beitritt Großbritanniens, beklagte die britische Regierung einen, aus ihrer Sicht, unangemessen hohen Finanzbeitrag im Vergleich zu ihrem BSP-Anteil der Gemeinschaft.[85] Die Gründe hierfür lagen, im Gegensatz zu anderen Mitgliedstaaten, in der geringeren Agrarproduktion Großbritanniens. Deswegen waren die Erstattungen aus dem Agrarfonds sehr niedrig. Großbritannien importierte Agrarerzeugnisse und Industriegüter in großen Mengen. Gleichzeitig stiegen damit die Abschöpfungen und Zolleinnahmen und folglich die Zahlungen an den EG-Haushalt. Somit brachte das Vereinigte Königreich das Argument eines Nettozahlers in die Diskussion ein.[86] Auf dem Gipfel in Dublin im Jahr 1975 einigten sich die beteiligten Staaten auf einen sog. „Finanzmechanismus zur Reduzierung des Finanzierungsanteils“ eines Mitgliedstaates. In diesem, auch „Dubliner Finanzmechanismus“ genannten Konzept, waren Zuwendungen aus dem Gemeinschaftshaushalt an die Mitgliedstaaten vorgesehen, die sich in einer besonderen Wirtschaftslage befanden und deren Wirtschaft eine nicht angemessene Belastung bei der Finanzierung des Gemeinschaftshaushalts zu tragen hatte.[87] Um von diesem Finanzmechanismus zu profitieren, mussten einige Voraussetzungen erfüllt werden,[88] aber kein Land erfüllte in der Folgezeit alle diese Kriterien gleichzeitig; der „Dubliner Finanzmechanismus“ wurde nie angewandt.

---

[85] Bis 1980 orientierte sich der britische Beitrag zum Haushalt am Sozialprodukt-Anteil (19,32%). Die britische Regierung war überzeugt, dass 1980 der Sozialprodukt-Anteil ihres Landes nur ca. 14% des BSP der EG betragen wird. (Vgl. Reister, Erwin (1975); Seite 39.)

[86] Definition eines Nettozahlers: Negative Differenz zwischen an den EG-Haushalt gezahlten Finanzierungsbeiträgen und den aus dem EG-Haushalt erhaltenen Zahlungen. (Vgl. Peffekoven, Rolf (1994); Seite 12.) Nähere Ausführungen siehe dazu Punkt 3.1 .

[87] Vgl. Nittka, Ulrich (1979); Seite 117f.; Biehl, Dieter; Winter, Horst (1990); Seite 62 f.

[88] Siehe dazu: Nittka, Ulrich (1979); Seite 117 – 122; Peffekoven, Rolf (1994); Seite 55ff. .

Im Jahr 1980 verlangte Großbritannien erneut Ausgleichszahlungen aufgrund seiner bereits hohen Nettozahlerposition, die sich nach dem Auslaufen der Beitrittsübergangsbestimmungen noch weiter erhöhen würde.[89] Großbritannien wäre noch vor Deutschland zum größten Nettozahler der Gemeinschaft geworden. Dies wurde durch die Einführung des „Briten-Rabatts"[90] verhindert. Im gleichen Jahr beschloss der Europäische Rat sog. Ad-hoc-Ausgleichzahlungen[91]. Dagegen erhob das Europäischen Parlament erfolglos Kritik. Auf dem Gipfel von Fontainebleau sollte es zu einer endgültigen Einigung kommen. Diese war dringend geboten, da die Diskussion, sowohl über einen „Briten-Rabatt", als auch über eine Neugestaltung des Finanzsystems, die gesamte EG und ihre Politik blockierte. Fortschritte auf dem Weg zu mehr Integration hingen von der Lösung dieser Fragen ab.

> *„Die Auseinandersetzungen in der Haushaltspolitik der EG, die deren Handlungsfähigkeit zwischen 1978 und 1984 zunehmend gelähmt hatte, resultierten aus der allgemeinen Uneinigkeit über die künftige Finanzierung der Gemeinschaft."*[92]

Bis in Fontainebleau eine Einigung erzielt werden konnte, gab es zuvor drei erfolglos verlaufende Gipfeltreffen[93]. Vor allem Großbritannien verknüpfte seine Zustimmung zu einer Erhöhung der Eigenmittel an eine befriedigende Verminderung ihrer „Beitragspflichten".[94] Deutschland verband seine Zustimmung zur Erhöhung der Eigenmittel mit einem Beitritt von Portugal und Spanien bis zum Jahr 1986.[95] Diese Forderung vermischte sich mit komplexen Reformdiskussionen in der EG.[96] Diese Ansprüche der britischen und

---

[89] Vgl. Nottelmann, Angela (1982); Seite 17f. .

[90] Siehe dazu Punkt 2.2.1.2 .

[91] Zur Höhe siehe: Wartenweiler, Roland (1980); Seite 526 und Seite 526, Fußnote 7. Sie betrugen ca. 65% der britischen Nettozahlungen. (Vgl. Groeben, Hans von der; Boeckh, Hans von; Thiesing, Jochen; Ehlermann, Claus-Dieter; Seite 660, RdNr. 33.)

[92] Bayer, Nikolaus (1993); Seite 607.

[93] Die Gipfeltreffen fanden in Stuttgart (1983), Athen (1983) und Brüssel (1984) statt.

[94] Vgl. Bayer, Nikolaus (1993); Seite 635.

[95] Vgl. Weidenfeld, Werner (1986); Seite 16.

[96] Angedacht war z.B. die Fortführung der EG hin zu einer Union.

deutschen Regierung waren eingebettet in die Verhandlungen um eine Gesamtreform und eine politische Neubelebung der Gemeinschaft; doch auf dem Gipfel 1983 in Stuttgart fiel keine Entscheidung. V.a. Frankreich war nicht bereit, die Rückerstattungen an Großbritannien zu finanzieren. Endergebnis: Alle ungelösten Aufgaben wurden in einem Paket zusammengeschnürt und vertagt.

Es ist wichtig im Rahmen dieser Arbeit hervorzuheben, dass die EG-Finanzierung stets mit ungelösten Fragen bzgl. der EG-Reformen verknüpft wurde. Deutschland, die Niederlande und Großbritannien machten bspw. die Aufstockung der Eigenmittel von der Vollendung der Süderweiterung abhängig und forderten gleichzeitig Einsparungen in der Agrarpolitik.[97] Auch auf dem Gipfeltreffen Ende des Jahres 1983 in Athen kam es zu keiner Lösung.

> *„In beiden Materien [Reform der Agrarpolitik, Finanzierungsfragen; Anm. der Verfasserin] wurde primär an nationale Interessen und weniger an die Gemeinschaft gedacht, was seinerseits wiederum jede Möglichkeit nahm, Beschlüsse über die Erweiterung und den internen Ausbau der EG zu fassen."*[98]

> *„Die Behandlung ihrer künftigen Rolle, die innere und äußere Anpassung der EG an weltwirtschaftliche Wandlungen, wurde erneut verdrängt von den alten Agrar- und Beitragsproblemen. [...] Anstatt der erhofften Globaleinigung herrschte völlige Uneinigkeit, wobei alle Gegensätze immer wieder auf einen Streitpunkt zurückführten: die Regelung der Finanzen."*[99]

Frankreich war nicht bereit, in eine Reform der Agrarpolitik einzuwilligen, da das Land der größte Profiteur dieser Politik war; der deutsche Bundeskanzler beharrte auf Einsparungen in diesem Bereich und war, zusammen mit Großbritannien, gegen eine weitere Erhöhung der Einnahmen.[100]

---

[97] Vgl. Bayer, Nikolaus (1993); Seite 639.

[98] Bayer, Nikolaus (1993); Seite 647.

[99] Bayer, Nikolaus (1993); Seite 656.

[100] Vgl. Stadlmann, Heinz (1984); Seite 37.

Deutschland und die Niederlande beharrten auf einer Aufnahme der Länder Spanien und Portugal zum 1. Januar 1986. Die Briten machten eine vorherige Reform der Finanzordnung zur Bedingung für eine Zustimmung zur Aufstockung der Budgetmittel.

Auf dem Gipfel in Brüssel zu Anfang des Jahres 1984 einigten sich die Staatsvertreter auf den Agrarkompromiss, der zuvor auf einer Tagung der Agrarminister verabschiedet worden war. Dieser kam nur unter dem Druck der leeren Kasse zustande.[101] Doch das Thema der Rückerstattungen an Großbritannien blieb ein Streitpunkt und wurde nicht zur Zufriedenheit Großbritanniens gelöst. Somit blieb weiterhin alles blockiert.

> *„Nachdem die ersten Agrarreformen großteils feststanden, erwies sich das britische Beitragsproblem als Schlüssel für die Überwindung der Haushaltskrise und den Fortgang der Integration.“*[102]

2.2.1.2 Der Gipfel von Fontainebleau und dessen Ergebnisse

Was in den vorangegangenen Punkten deutlich wurde war, dass das zuvor verabschiedete Agrarpaket in seiner Finanzierung nicht gesichert war. Dies sollte und musste auf dem Treffen der Staats- und Regierungschefs zum Europäischen Rat von Fontainebleau am 25./26. Juni 1984 geschehen.[103] Primäres Ziel war, die letzten Hemmnisse für einen Fortgang der Integration aus dem Weg zu räumen.[104] Von Großbritannien hing ein Erfolg dieses Gipfels in großem Maße ab, denn die anderen Staaten hatten sich inzwischen in den dringlichen Fragen geeinigt. Trotz dieser isolierten britischen Position gelang es Premierministerin Margaret Thatcher ihre Ziele durchzusetzen.[105]

---

[101] Vgl. Stadlmann, Heinz (1984); Seite 38.

[102] Bayer, Nikolaus (1993); Seite 668.

[103] Frankreich hatte in diesem Halbjahr die Präsidentschaft inne.

[104] Vgl. Bayer, Nikolaus (1993); Seite 670.

[105] Vgl. Bayer, Nikolaus (1993); Seite 670 f. .

Die Beschlüsse von Fontainebleau stellten sich folgendermaßen dar:[106]

- Anhebung des MwSt-Höchstsatzes zum 1. Januar 1986 von 1% auf 1,4%; Anhebung des Höchstsatz zum 1. Januar 1988 auf 1,6% nach einstimmigem Beschluss des Rates möglich[107];
- pauschaler Ausgleich für Großbritannien in Höhe von 1 Mrd. ECU für das Jahr 1984[108];
- Ausgleich der Differenz der britischen Zahlungen in Höhe von 66%[109] [110]; Einbeziehung der Erweiterungskosten[111]; Deutschland trägt nur 2/3[112] zu diesem Ausgleich bei[113];
- es wird festgehalten, „daß jedem Mitgliedstaat, der gemessen an seinem relativen Wohlstand eine zu große Haushaltslast trägt, zu gegebener Zeit Korrekturen zugestanden werden können“[114];
- Abschluß der Beitrittsverhandlungen mit Spanien und Portugal spätestens bis zum 30. September 1984 (deutsches Junktim)[115];
- Einführung der Integrierten Mittelmeerprogramme (IMP)[116].

Letzteres war v.a. gedacht, um Griechenland ein „Ja“ zu einer weiteren Süderweiterung leichter werden zu lassen. Zuvor hatte die griechische Regierung mit einem Veto gegen einen Beitritt Spaniens und Portugals gedroht.[117]

---

106 Vgl. Bulletin der EG 6-84; Seite 7 – 14.

107 Vgl. Bulletin der EG 6-84; Seite 11.

108 Vgl. Bulletin der EG 6-84; Seite 11.

109 Prozentzahl lehnte sich an die Höhe der Ad-hoc-Ausgleichszahlungen von 1980/81 an.

110 Die Differenz berechnet sich nach den britischen MwSt-Zahlungen, ausgeklammert sind die originären EM.

111 Vgl. Thatcher, Margaret (1993); Seite 755.

112 Vgl. Bulletin der EG 6-84; Seite 11.

113 Deutschland war der größte Nettozahler der Gemeinschaft.

114 Bulletin der EG 6-84; Seite 10.

115 Vgl. Bulletin der EG 6-84; Seite 11.

116 Vgl. Bulletin der EG 6-84; Seite 10.

117 Vgl. Schäfers, Manfred (1993); Seite 39.

Dieser Gipfel brachte eine Aufhebung der politischen Stagnation, denn das britische Beitrags-Problem wurde gelöst. Im Gegenzug verzichtete die Premierministerin auf eine tiefgreifende GAP-Reform; d.h. ohne britisches Zugeständnis wäre der gefunden Kompromiss nicht zustande gekommen. Ein Fortschreiten in anderen Bereichen, v.a. die Verwirklichung des Binnenmarktprojekts, war wieder möglich.[118]

Als Fazit dieses Gipfels können folgende Schlussfolgerungen gezogen werden:

- Deutschland wurde zum größten Nettozahler der Gemeinschaft.
- Eine Haushaltskorrektur im Sinne von mehr Gerechtigkeit für andere Staaten (speziell Deutschland) wurde nicht erreicht.

Alles in allem zusammengenommen wurde ein Minimalkompromiss erzielt; dennoch ging von diesen Beschlüssen ein positives Signal für die weitere Integration aus. Das Eingehen auf die Forderungen Großbritanniens bezeichnete Nikolaus Bayer als politischen Preis für den Neuaufbruch der Gemeinschaft, der allerdings von Deutschland bezahlt wurde.[119] Helmut Kohl, deutscher Bundeskanzler, sah dies anders:

> *„Das Treffen in Fontainebleau hat einen bedeutsamen Durchbruch zur Weiterentwicklung der Europäischen Gemeinschaft gebracht. Damit wurden zugleich Perspektiven für eine engere politische Zusammenarbeit in Europa eröffnet."*[120]

---

[118] Vgl. Volle, Anglika (1989 b); Seite 44.

[119] Vgl. Bayer, Nikolaus (1993); Seite 672.

[120] Zitiert nach: Ungerer, Werner (1984); Seite 394.

2.2.2 Der Eigenmittelbeschluss von 1985

Die Beschlüsse von Fontainebleau führten zu dem neuen Eigenmittelbeschluss vom 7. Mai 1985[121] „über das System der eigenen Mittel der Gemeinschaften“[122]. Folgende Vereinbarungen wurden getroffen:

- Anhebung des Höchstsatzes der MwSt auf 1,4%; Anhebung auf 1,6% zum 1. Januar 1988 nach einstimmigem Beschluss des Rates möglich[123] (Präambel);
- Regelung des britischen Ausgleich in Art. 3 Abs. 3[124];
- Beschränkung des deutschen Ausgleichs auf 2/3 (Art 3 Abs. 3 c)[125];
- pauschaler Ausgleich für Großbritannien für das Jahr 1984 von 1 Mrd. ECU (Art. 3 Abs. 4)[126].

Alle bisherigen Regelungen des EM-B von 1970 wurden nicht angetastet.

In diesem Beschluss gab es keinen Artikel, der auch anderen Ländern, außer Großbritannien, einen Ausgleich bei einer zu großen Haushaltslast gewährt hätte. Zudem musste (auch heute noch) ein solcher EM-B von den nationalen Parlamenten ratifiziert werden. Die Chancen auf Beständigkeit des britischen Rabatts waren deshalb außerordentlich hoch, denn eine Änderung des EM-B musste (gilt auch heute noch) einstimmig im Rat beschlossen werden. Großbritannien ging deshalb von einer unbefristeten, die anderen Mitgliedstaaten von einer mittelfristigen Lösung aus.[127]

---

[121] In Kraft getreten am 1. Januar 1986.

[122] ABl. L 128 vom 14. Mai 1985; Seite 15.

[123] Vgl. ABl. L 128 vom 14. Mai 1985; Seite 15.

[124] Vgl. ABl. L 128 vom 14. Mai 1985; Seite 16. Zur genauen Berechnung des britischen Rabatts siehe: Messal, Rüdiger (1991); Seite 125 – 136; Bulletin der EU (1998 c); Anhang 4, Seite 77 – 84; Busch, Berthold (1990); Seite 19 – 22.

[125] Vgl. ABl. L 128 vom 14. Mai 1985; Seite 16.

[126] Vgl. ABl. L 128 vom 14. Mai 1985; Seite 16.

[127] Vgl. Volle, Angelika (1989 b); Seite 44, Fußnote 81.

2.3 Die Einheitliche Europäische Akte (EEA) und der Eigenmittelbeschluss von 1988

Trotz des Eigenmittelbeschlusses von 1985 war der Eigenmittelplafond von 1,4% bzw. 1,6%[128] bereits in den Jahren 1986 und 1987 erneut erschöpft. Grund hierfür war hauptsächlich die Agrarpolitik. Die Landwirte produzierten immer mehr Überschüsse[129] und somit war der Finanzbedarf dieser Gemeinschaftspolitik immer weiter gestiegen.[130] Hinzu kamen die im Jahre 1986 vollzogenen Beitritte Portugals und Spaniens, sowie die Unterzeichnung der Einheitlichen Europäischen Akte (EEA) im Februar 1986. Beide Ereignisse forcierten die Notwendigkeit einer erneuten Finanzreform.

2.3.1 Die Einheitliche Europäische Akte (EEA)

Bei der Sitzung des Europäischen Rats am 29. Juni 1985 in Mailand wurde eine Regierungskonferenz beschlossen, die konkrete Fortschritte auf dem Weg zu einer Europäischen Union (EU) herbeiführen sollte. Das Ergebnis war die am 1. Juli 1987 in Kraft getreten EEA.[131] Dies war die erste tiefgreifende Änderung und Ergänzung der Gründungsverträge, v.a. des EWG-Vertrages.

Die EEA beinhaltete die Verwirklichung eines einheitlichen Binnenmarktes bis Ende 1992.[132] Dies war gleichzeitig der Kernpunkt des Vertrages; damit wurden die institutionellen Grundlagen zur Verwirklichung des Binnenmarktprojekts geschaffen. Darüber hinaus wurden Regelungen für die Zusammenarbeit im Bereich der Außen- und Sicherheitspolitik, der Währungs-

---

[128] Bezogen auf die MwSt-Bemessungsgrundlage.

[129] Bekannt als Butter-Berg, Milch-, Wein-See.

[130] Vgl. Biehl, Dieter (1988 b); Seite 65.

[131] Vorläufer dazu war die Genscher-Colombo-Initiative von 1981.

[132] Entstehung eines Raumes ohne Binnengrenzen mit der Gewährleistung auf freien Waren-, Personen- und Kapitalverkehr.

politik, der Sozialpolitik, des wirtschaftlichen und sozialen Zusammenhalts, der Forschung, der Technologie und des Umweltschutzes vereinbart. Des Weiteren gab es eine Änderung des Entscheidungsverfahrens im Ministerrat[133] sowie weitere Modifizierungen.[134]

Durch die Verabschiedung der EEA wurde auch die Grundlage der europäischen Strukturpolitik gelegt.[135] Aufgaben und Befugnisse, die vorher nur aufgrund von Art. 235 EWGV[136] ausgeführt werden konnten, wurden auf die Gemeinschaft übertragen. Dabei handelte es sich u.a. um die Förderung des wirtschaftlichen und sozialen Zusammenhaltes, auch Kohäsion[137] genannt. Angestrebt wurde, die unterschiedlichen Entwicklungsstände einzelner Regionen und den Rückstand stark benachteiligter Gebiete zu verringern.[138] Deswegen wurde in den EWGV ein neuer Titel eingefügt[139], der auf Drängen der südlichen Länder zustande kam. Die Gemeinschaft unterstützte die Anstrengungen durch Strukturfonds (EAFGL Abteilung Ausrichtung, ESF, EFRE, seit 1993 FIAF). Die stärkere Betonung dieser Fonds ergab sich zum

---

[133] Einführung von Mehrheitsabstimmungen.

[134] Es wurde eine vertragliche Grundlage und damit eine rechtlich verbindliche Basis für die frühere EPZ geschaffen; dem EP wurden im Wege einer zweiten Lesung mehr Einwirkungsmöglichkeiten auf Beschlüsse des Rates gegeben; ein Mitentscheidungsrecht stand dem EP bei zukünftigen Beitritten neuer Mitlieder und beim Abschluss künftiger Assoziierungsverträge zu. (Ausführlich vgl. hierzu: Hrbek, Rudolf; Läufer, Thomas (1986); Seite 173 – 184; Läufer, Thomas (1995); Seite 107ff. .)

[135] Es gab bereits zuvor Strukturfonds. Doch jetzt wurden sie koordiniert und fünf Ziele formuliert zu deren Zweck die Gelder ausgegeben werden sollten.

[136] „Erscheint ein Tätigwerden der Gemeinschaft erforderlich, um im Rahmen des Gemeinsamen Marktes eines ihrer Ziele zu verwirklichen, und sind in diesem Vertrag die hierfür erforderlichen Befugnisse nicht vorgesehen, so erläßt der Rat einstimmig auf Vorschlag der Kommission und nach Anhörung der Versammlung die geeigneten Vorschriften.“ (Entnommen aus: Europäische Gemeinschaften (1983); Seite 339.)

[137] Kohäsion meint den Abbau struktureller Unausgewogenheiten und übermäßiger Unterschiede des Wohlstandes innerhalb der Gemeinschaft. Auf diese Weise soll zum wirtschaftlichen und sozialen Zusammenhalt beigetragen werden. (Vgl. o.V. (1999 v); Seite 1o f. .)

[138] Vgl. Institut „Finanzen und Steuern“ e.V. (1998); Seite 8.

[139] Teil V: Wirtschaftlicher und sozialer Zusammenhalt; zu beachten v.a. Art. 130a.

einen aus der Notwendigkeit, die Vorteile des Binnenmarktes nicht nur auf das Zentrum zu begrenzen, sondern auch die Peripherie daran teilhaben zu lassen. Ein weiterer Punkt war das entstandene Einkommensgefälle, das durch die Beitritte von Griechenland, Spanien und Portugal vergrößert wurde[140], nicht noch weiter anwachsen zu lassen. Für Berthold Busch drängte sich ein Zusammenhang zwischen der Aufstockung der Finanzmittel für die Kohäsionspolitik und der Zustimmung der ärmeren Länder zur Vollendung des Binnenmarktes auf.[141] Um die strukturpolitischen Maßnahmen aufeinander abzustimmen, wurden fünf Ziele[142] formuliert, die die Gelder der Strukturfonds besser koordinieren und verteilen sollen.

Insgesamt wurde versucht, mit diesem Vertrag einen weiteren Schritt hin zu einer Politischen Union zu gehen. Die konkretesten Vereinbarungen wurden jedoch erneut im wirtschaftlichen Bereich mit der Schaffung eines einheitlichen Binnenmarktes getroffen.

> *„Vollendung des Binnenmarkts wie wirtschaftlicher und sozialer Zusammenhalt können daher als Kernelemente der EEA aufgefaßt werden, die um neue Politiken zur Stärkung der Gemeinschaft, aber auch zur Verbesserung des Interessenausgleichs ergänzt wurden."*[143]

---

[140] Vgl. Institut „Finanzen und Steuern" e.V. (1998); Seite 9f. .

[141] Vgl. Busch, Berthold (1990); Seite 9.

[142] Ziel 1: Förderung der Entwicklung und der strukturellen Anpassung der Regionen mit Entwicklungsrückstand.
Ziel 2: Umstellung der vom industriellen Niedergang schwer betroffenen Regionen.
Ziel 3: Bekämpfung der Langzeitarbeitslosigkeit.
Ziel 4: Erleichterung der Eingliederung der Jugendlichen in das Erwerbsleben.
Ziel 5 a: Anpassung der Agrarstrukturen.
Ziel 5 b: Entwicklung des ländlichen Raums.
(Entnommen aus: Institut „Finanzen und Steuern" e.V. (1998); Seite 10.)

[143] Biehl, Dieter (1988 b); Seite 65.

Der große Sprung zu einer „qualitativ neuen Integrationswirklichkeit“[144] wurde jedoch mit der EEA nicht geschaffen. Vielmehr wurde hier wieder der Vertragsabschluss als Kompromiss in der Form eines „Package Deals“ verabschiedet. Verschiedene und oft schwer zu vereinbarende Interessen, z.B. Verwirklichung eines einheitlichen Binnenmarktes und Einführung einer europäischen Strukturpolitik, wurden berücksichtigt; es war die Suche nach dem kleinsten gemeinsamen Nenner, weshalb von der EEA keine großen Fortschritte zu erwarten waren. Der Kompromiss-Charakter wurde durch die vielen Schutzklauseln und nationalen Sonderlösungen deutlich. Um die in der EEA dargelegten Ziele, v.a. die Förderung der Kohäsion, zu verwirklichen waren Finanzmittel nötig, die nur durch einen neuen Eigenmittelbeschluss bereitgestellt werden konnten.

2.3.2 Der Eigenmittelbeschluss von 1988

Anfang des Jahres 1987 legte Kommissionspräsident Jacques Delors einen Vorschlag über eine Haushalts- und Finanzreform vor,[145] der folgende Punkte betraf:[146]

- Die Gemeinschaft soll über Einnahmen bis zur Höhe von 1,4% des Gesamtbetrags des BSP der Mitgliedstaaten verfügen.[147] Der Gemeinschaft sollen auf diesem Wege ausreichende Einnahmen bis zum Jahr 1992 zur Verfügung gestellt werden.[148]
- Vorgeschlagen wurde die Einführung einer neuen Finanzierungsquelle. Gedacht war an einen einheitlichen Abführungs-

---

[144] Hrbek, Rudolf; Läufer, Thomas (1988); Seite 180.

[145] Wird auch als „Delors-I-Paket“ bezeichnet. ABl. C 241 vom 8. September 1987; Seite 3; Bulletin der EG (1987); Seite 20 – 24.

[146] Timmann, Hans-Jörg (1990); Seite 28 – 31.

[147] Vgl. ABl. C 241 vom 8. September 1987; Präambel, Seite 3. Zuvor bildete die Höhe der MwSt-Bemessungsgrundlage die Höchstgrenze. Der neu vorgeschlagene Plafond sollte deswegen auch für alle EM gelten.

[148] Vgl. ABl. C 241 vom 8. September 1987; Präambel, Seite 3.

satz, der sich berechnen sollte aus der Differenz zwischen nationaler MwSt-Bemessungsgrundlage und nationalem BSP.[149]

- Die Kommission schlug den Wegfall der 10%-igen Erstattung an die Mitgliedstaaten für die Erhebungskosten bei Zöllen und Agrarabschöpfungen vor.[150]
- Die Zölle auf die unter den EGKS-Vertrag fallenden Erzeugnisse sollten Eigenmittel werden und damit der Gemeinschaft zustehen.[151]
- Der Briten-Rabatt sollte weiterhin bestehen bleiben. Großbritannien sollte aber nur 50% der Differenz zwischen seinem BSP-Anteil und seinem Rückfluss-Anteil aus den Agrarmarktausgaben erstattet bekommen.[152] Dies hätte zur Folge gehabt, dass Großbritannien von den 7 Mrd. Mark jährlich nur noch 2 Mrd. bekommen hätte.[153] Deutschland war in diesem Punkt einer Meinung mit der Kommission. Die EG-Mitglieder sollten diesen Ausgleich entsprechend den mit dem Pro-Kopf-Einkommen gewichteten BSP-Anteil finanzieren. Ausgenommen davon sollten Portugal, Spanien, Griechenland und Irland sein.[154] Deutschland sollte sich nur noch mit 25% (zuvor 2/3) des eigentlichen Anteils beteiligen.[155] Die Abwicklung der Ausgleichszahlungen sollte über die Ausgabenseite erfolgen.[156]

Die Kommission wollte durch dieses Paket eine Reform der Agrarpolitik, ein langfristiges und solides Finanzsystem sowie eine Erhöhung der Struk-

---

149 Vgl. ABl. C 241 vom 8. September 1987; Präambel, Seite 3.
150 Vgl. Bulletin der EG (1987); Seite 23.
151 Vgl. ABl. C 241 vom 8. September 1987; Präambel, Seite 3. Zuvor unterlagen diese Zolleinnahmen der Ertragshoheit der einzelnen Mitgliedstaaten.
152 Vgl. Bulletin der EG (1987); Seite 24.
153 Vgl. Volle, Angelika (1989 b); Seite 54.
154 Vgl. Timmann, Hans-Jörg (1990); Seite 31.
155 Vgl. Bulletin der EG (1987); Seite 24.
156 Vgl. Bulletin der EG (1987); Seite 23.

turfonds für die ärmeren Mitglieder der Gemeinschaft erreichen.[157] Der Vorschlag einer Kürzung der Etatmittel auf 50% statt bislang 60% zur Reduzierung der Überschüsse wurde von der britischen Premierministerin befürwortet. Deutschland und Frankreich hingegen waren und blieben anderer Meinung, so dass dieser Punkt nicht durchgesetzt werden konnte. Die Forderung der Kommission nach einer Verdoppelung der Strukturfonds bis zum Jahr 1992 ging den Briten wiederum zu weit. Die Premierministerin war höchstens zu einer 50%-igen Erhöhung bereit. In diesem Fall verbündete sich Frankreich mit Großbritannien. Deutschland war bereit auf 68% zu gehen.[158]

Der Gipfel in Kopenhagen im Dezember 1987 scheiterte erneut an den britischen Forderungen. Wie schon zuvor forderte die Premierministerin eine einschneidende Reform der GAP, erst danach war sie bereit über eine Erhöhung der Finanzmittel zu verhandeln. Doch in einer EG der 12 ist es kaum möglich solche drastischen Änderungen durchzusetzen. Einigungen sind – wie schon aufgezeigt - nur im Rahmen von „Package Deals" d.h. dem kleinsten gemeinsamen Nenner möglich.

Auf Grundlage des sog. Delors-I-Pakets entschieden die Staats- und Regierungschefs am 11./12. Februar 1988 in Brüssel nach langen Verhandlungen über eine erneute Reform des Finanzsystems.[159] Zuvor galt es noch einige Hürden aus dem Weg zu räumen. Der deutsche Außenminister Hans-Dietrich Genscher bot der Premierministerin Entgegenkommen bei den Regelungen des britischen Rabatts an, wenn sie bei der Höhe der Agrarausgaben einlenken würde. Doch die britische Regierungschefin blieb hart. Nachdem sich Bundeskanzler Helmut Kohl persönlich in die Verhandlungen einbrachte, konnte nach zähem Ringen eine Einigung erzielt werden. Am Ende stand Großbritannien isoliert da, denn die Niederlande, die Großbritannien unterstützt hatten, schlugen sich nach einem weiteren Kompromissvorschlag

[157] Vgl. Volle, Angelika (1989 b); Seite 53.
[158] Vgl. Volle, Anglika (1989 b); Seite 54.
[159] Deutschland hatte die Ratspräsidentschaft inne.

auf die Seite der anderen zehn Länder. Hätte Frau Thatcher nicht eingelenkt, wäre sie für ein Scheitern des Gipfels verantwortlich gewesen.[160] Folgende Vereinbarungen wurden getroffen:[161]

- Bereitstellung ausreichender Mittel für die Funktionsfähigkeit der Gemeinschaft von 1988 bis 1992;
- Verdoppelung der Strukturfondsausgaben bis zum Jahr 1993;
- Eindämmung des Ausgabenwachstums, v.a. im Agrarbereich, mit Hilfe eines neu einzuführenden Systems der Haushaltsdisziplin; Vorrang strukturpolitischer Maßnahmen;
- Einführung einer vierten Einnahmequelle, auf der Grundlage des BSP aller Mitgliedstaaten;
- Verteilung der Finanzierungslast der EG auf die Mitgliedstaaten entsprechend ihres relativen Wohlstandes.

Am 24. Juni 1988 wurde der „Beschluss des Rates über das System der Eigenmittel der Gemeinschaften" verabschiedet.[162] Dieser beinhaltete folgende Vereinbarungen[163]:

- Hinzunahme der Zölle auf EGKS-Produkte zu den Eigenmitteln der
Gemeinschaft (Art. 2 Abs. 1b)[164];
- Kappung[165] der MwSt-Bemessungsgrundlage auf 55% des BSP des jeweiligen Mitgliedstaates (Art. 2 Abs. 1c)[166];

---

[160] Vgl. Volle, Angelika (1989 b); Seite 55.
[161] Vgl. Peffekoven, Rolf (1994); Seite 64.
[162] ABl. L 185 vom 15. Juli 1988; Seite 24.
[163] Finanzielle Vorausschau siehe Tabelle A1 im Anhang.
[164] Vgl. ABl. L 185 vom 15. Juli 1988; Seite 25.
[165] Die MwSt-Bemessungsgrundlage wird nur noch zu 55% des BSP des jeweiligen Mitgliedstaates herangezogen. (Vgl. Messal, Rüdiger (1991); Seite 71.)
[166] Vgl. ABl. L 185 vom 15. Juli 1988; Seite 25.

- Einführung einer vierten Einnahmequelle auf der Grundlage des BSP[167]; Übernahme der Funktion der als Restfinanzierungskomponente[168];
- Erhaltung des Briten-Rabatts sowie dessen Modifizierung; der MwSt-Anteil wird durch die britischen BSP-Abführungen ergänzt (Art. 4 Abs. 1a)[169];
- Deutschland zahlt weiterhin 2/3 seines Anteils am Briten-Ausgleich
(Art. 5 Abs. 1)[170];
- die Zahlungen von Portugal und Spanien an die Gemeinschaft reduzieren sich gemäß den Vereinbarungen ihrer Beitrittsakten (Art. 9)[171];
- Einführung einer fünfjährigen „Finanziellen Vorausschau"[172]; Art. 3 Abs. 1 Festlegung der jährlichen Gesamtobergrenzen für die Jahre 1988 bis 1992, bezogen auf den Gesamtumfang der Ausgaben; Basis ist ein Prozentsatz des gemeinschaftlichen BSP[173]; die Erhöhung soll sich folgendermaßen entwickeln:

---

[167] Vgl. ABl. L 185 vom 15. Juli 1988; Seite 25. „Einnahmen, die sich ergeben aus der Anwendung eines im Rahmen des Haushaltsverfahrens unter Berücksichtigung aller sonstigen Einnahmen festzulegenden Satzes auf den Gesamtbetrag des BSP aller Mitgliedstaaten." (Art. 2 Abs. 1d)

[168] Vorher hatte die MwSt-Quelle diese Funktion inne.

[169] Vgl. ABl. L 185 vom 15. Juli 1988; Seite 26.

[170] Vgl. ABl. L 185 vom 15. Juli 1988; Seite 27.

[171] Vgl. ABl. L 185 vom 15. Juli 1988; Seite 28.

[172] Neu ist dieses Konzept nicht. Bereits in den 70er Jahren erstellte die Kommission eine dreijährige finanzielle Vorausschau. (Vgl. Nottelmann, Angela (1982); Seite 114; Strasser, Daniel (1991); Seite 195 f. .)

[173] Vgl. ABl. L 185 vom 15. Juli 1988; Seite 26.

Jahr	BSP-Anteil
1988	1,15%
1989	1,17%
1990	1,18%
1991	1,19%
1992	1,20%

- Ausgaben der Abteilung Garantie des EAFGL dürfen jährlich nur 74% der jährlichen Steigerung des Gemeinschafts-BSP betragen[174];
- Einführung von Agrarstabilisatoren[175];
- direkte Einbehaltung von 10% der Erhebungskosten durch die Mitgliedstaaten (Art. 2 Abs. 3)[176];
- reale Verdoppelung der Strukturfondsmittel[177].

Durch die Einführung einer neuen Finanzierungsquelle auf der Grundlage des BSP wurde ein Schritt hin zu mehr Beitragsgerechtigkeit gemacht. Diese Art der Finanzierung orientiert sich stärker an der tatsächlichen Leistungskraft des Staates. Die MwSt-Ressource bezieht sich auf den Konsum der Menschen. Bei Leuten mit geringem Einkommen wird mehr für den Konsum verbraucht; dies bedeutet, dass ärmere Staaten mehr in die Brüsseler Kassen einzahlen, als wohlhabendere Länder, wenn die Wirtschaftskraft zweier Länder miteinander verglichen wird. Diese Erscheinung wird Regressivität genannt.[178] Durch die Einführung der neuen EM-Quelle sollten ärmere Länder entlastet und die Beitragszahlungen in die Unions-Töpfe gerechter

[174] Vgl. Biehl, Dieter (1988 b); Seite 68.
[175] Vgl. Biehl, Dieter (1988 b); Seite 69.
[176] Vgl. ABl. L 185 vom 15. Juli 1988; Seite 26.
[177] Vgl. Biehl, Dieter (1988 b); Seite 69.
[178] Vgl. Bulletin der EU (1998 c); Seite 15; Kohl, Eckhard; Bergmann, Jan (1998); Seite 28.

werden. Das Zusammenwachsen der Gemeinschaft sollte besser voranschreiten können.

„Nach diesen Entscheidungen [...] konnte sich die Gemeinschaft endlich auf den geplanten Weg zur Europäischen Union konzentrieren, und der erste wichtige Schritt hin zu diesem Ziel war die Schaffung des Europäischen Binnenmarkts bis Ende 1992."[179]

Die Einigung auf Reformen der Finanzierung wurde als Katalysator für weitere nachfolgende Beschlüsse betrachtet. Fortschritte auf dem Weg zum Gemeinsamen Markt konnten erzielt werden, z.B. die vollständige Liberalisierung der Kapitalmärkte. Insgesamt bewegte sich die Gemeinschaft nach Jahren des Stillstandes wieder vorwärts in Richtung mehr Integration.[180] Dies war v.a. durch erhöhte finanzielle Belastungen auf Seiten Deutschlands möglich geworden.

„Die Ausrichtung am politisch vordringlichsten Problem des ‚gerechten Beitrags' prägt dieses neue Eigenmittelsystem: das Kernproblem bestand in der Höhe des ‚Nettobeitrags' des Vereinigten Königreichs und in der Vermeidung einer noch höheren Nettobelastung für die Bundesrepublik Deutschland.[181] *[...] Die jüngste Finanzreform war in erster Linie eine an politisch-pragmatischen Zielen ausgerichtete Reform, die den finanzpolitischen und ordnungspolitischen Kriterien wenig Beachtung schenkte."*[182]

„In Brüssel hat sich das Erfolgsprinzip der Gemeinschaft bewährt. Weil jeder *zu Konzessionen bereit war, haben wir alle gewonnen. Mit der Billigung der Strukturfonds-Rahmenverordnung durch den Allgemeinen Rat sowie seiner Beschlüsse über die Eigenmittel und die Haushaltsdisziplin sind alle Grundsatzbeschlüsse des Europäischen Rats von Brüssel zum Delors-Paket umgesetzt. Dies bedurfte*

---

179 Volle, Angelika (1992); Seite 341.

180 Vgl. Hort, Peter (1988); Seite 421 – 428.

181 Timmann, Hans-Jörg (1990); Seite 51.

182 Timmann, Hans-Jörg (1990); Seite 54.

einer großen Anstrengung, aber es war auch ein großer Erfolg.“[183]

2.4 Der Vertrag von Maastricht, der Eigenmittelbeschluss von 1994 und die finanzielle Vorausschau von 1992 bis 1999

2.4.1 Der Vertrag von Maastricht

Im Jahr 1991 wurde auf dem Gipfel in Maastricht der Vertrag zur Gründung der Europäischen Union (EU) von den 12 Staats- und Regierungschefs vereinbart und am 7. Februar 1992 unterzeichnet. Am 1. November 1993 trat dieser Vertrag in Kraft. Die Inhalte betrafen folgende Bereiche[184]:

- Änderungen des EWGV im Hinblick auf die Errichtung der Europäischen Gemeinschaft, einschließlich einer Wirtschafts- und Währungsunion (WWU)[185] und einer Unionsbürgerschaft;
- Schaffung einer Gemeinsamen Außen- und Sicherheitspolitik (GASP);
- Zusammenarbeit zwischen den Mitgliedsländern in den Bereichen Justiz und Inneres;
- Protokolle[186].

Wichtig für die weitere Entwicklung der Finanzierung war Titel XIV des EGV mit der Überschrift „Wirtschaftlicher und sozialer Zusammenhalt“. Er

---

[183] Genscher, Hans-Dietrich; zitiert nach: Außenpolitik der Bundesrepublik Deutschland (1995); Seite 563.

[184] Entnommen aus: Europäische Union; Europäische Gemeinschaften (1995).

[185] Ein Plan dazu existierte bereits zu Beginn der 70er Jahre mit dem sog. „Werner-Plan“.

[186] Die Protokolle betrafen folgende Bereiche: Errichtung eines Europäischen Systems der Zentralbanken (ESZB); Konvergenzkriterien zur Erfüllung des Eintritts in eine WWU; Sozialpolitik; wirtschaftlicher und sozialer Zusammenhalt; GASP; Rolle der Westeuropäischen Union (WEU). (Entnommen aus: Wessels, Wolfgang; Diederichs, Udo (1995); Seite 175.)

umfasste die Art. 130 a – 130 e. Die Ziele der Gemeinschaft wurden definiert und in Art. 130 d die Errichtung eines Kohäsionsfonds postuliert. In diesem Artikel hieß es:

> *„Der Rat errichtet [...] vor dem 31. Dezember 1993 einen Kohäsionsfonds, durch den zu Vorhaben in den Bereichen Umwelt und transeuropäische Netze auf dem Gebiet der Verkehrsinfrastruktur finanziell beigetragen wird."*[187]

Bereits in den Protokollen zum EUV wurde die Schaffung eines Kohäsionsfonds zum 31. Dezember 1993 festgelegt. Dies war der Preis für die Zustimmung der ärmeren Mitgliedstaaten, v.a. Spanien, zur WWU.[188]

> *„Sie [die peripheren Staaten Griechenland, Portugal, Spanien, Irland; Anm. der Verfasserin] drohten damit, den Abschluß des Maastrichter Vertrages scheitern zu lassen, falls zusätzliche finanzielle Mittel ausblieben."*[189]

Daneben wurde ein Finanzinstrument für die Ausrichtung der Fischerei (FIAF) eingerichtet.[190] FIAF dient in erster Linie den spezifischen Interessen der Küstenstaaten.[191]

Hervorzuheben ist, dass die Zustimmung Deutschlands zu diesem Vertrag als Vorbedingung (oder Preis) zur Zustimmung der übrigen Partner zur deutschen Einheit angesehen wurde.[192]

---

[187] Entnommen aus: Europäische Union; Europäische Gemeinschaft (1995); Seite 212.

[188] Vgl. Thiel, Elke (1994); Seite 124; Heinemann, Friedrich (1999 a); Seite 294.

[189] Zeitel, Natascha (1998); Seite 73.

[190] Vgl. Institut „Finanzen und Steuern" e.V. (1998); Seite 11.

[191] Vgl. Zeitel, Natascha (1998); Seite 76.

[192] Vgl. Weisenfeld, Ernst (1997); Seite 322.

2.4.2 Der Eigenmittelbeschluss von 1994 und die finanzielle Vorausschau von 1992 bis 1999

Im Jahr 1992 legte Kommissionspräsident Jacques Delors erneut ein Paket zur Finanzierung der Gemeinschaft vor[193], nachdem die vorhergehende „Finanzielle Vorausschau" mit dem Jahr 1992 endete. Vorgeschlagen wurde die Anhebung der Eigenmittelobergrenze von 1,20% auf 1,37% des BSP der Gemeinschaft.[194] Dabei wurde eine jährliche Wachstumsrate von 2,5% unterstellt.[195] Des Weiteren sollte die bisherige Kappungsgrenze für die einheitliche MwSt-Bemessungsgrundlage von 55% auf 50% abgesenkt und der Anteil der MwSt-Eigenmittel am Aufkommen des Budgets reduziert werden.[196] Außerdem sollte der maximale Abrufsatz von 1,4% auf 1% herabgesetzt werden. Dadurch würde sich der relative Anteil der BSP-Quelle erhöhen und somit der Wirtschaftskraft der Mitgliedsländer besser Rechnung tragen. Als Folge davon würde der relative Anteil der MwSt-Eigenmittel von 55% auf 35% der Gesamtmittel sinken[197] und auch die traditionellen Eigenmittel (TEM) weniger als 25% zur Finanzierung beitragen[198]; gleichzeitig würde der Anteil der BSP-Ressource steigen. Der Briten-Rabatt sollte unangetastet bleiben.[199] Die niedergelegten Ziele des Maastricht-Vertrages bzw. der Beschluss zur Errichtung eines neuen Fonds (Art. 130 d: Kohäsionsfonds) verlangten eine erhöhte finanzielle Ausstattung der EU mit eigenen Mitteln. Wie bereits nach der Verabschiedung der EEA geschehen, wurde erneut ein EM-B gefasst.

---

193 Delors-II-Paket.
194 Vgl. Bulletin der EG (1992); Seite 36.
195 Vgl. Bulletin der EG (1992); Seite 36.
196 Vgl. Bulletin der EG (1992); Seite 38
197 Vgl. Bulletin der EG (1992); Seite 38.
198 Vgl. Bulletin der EG (1992); Seite 38.
199 Vgl. Bulletin der EG (1992); Seite 38.

Vom Kohäsionsfonds können nur Länder profitieren, deren Pro-Kopf-BSP unter 90% des Gemeinschaftsdurchschnitts liegt[200]; Spanien, Portugal, Griechenland und Irland konnten davon profitieren.[201]

Auf der Grundlage des Delors-II-Pakets verabschiedeten die Gipfelteilnehmer am 11./12. Dezember 1992 in Edinburgh folgende Vereinbarungen:[202]

- Erhöhung der Obergrenze der Eigenmittel für die Jahre 1993 – 1999 von 1,20% auf 1,27% des BSP der EG[203];
- Senkung des Abrufsatzes für die MwSt-Bemessungsgrundlage von 1,4% auf 1,0%[204];
- Senkung der Kappungsgrenze der MwSt-Bemessungsrundlage von 55% auf 50%; zugunsten der Mitgliedstaaten mit einem Pro-Kopf-BSP von weniger als 90% des Gemeinschaftsdurchschnitts wird die Bemessungsgrundlage ab 1995 reduziert, für die anderen vollzieht sich die Senkung schrittweise von 1995 – 1999[205];
- Einrichtung des Kohäsionsfonds[206];
- Beibehaltung des Briten-Rabatts[207].

---

[200] Vgl. Rat der Europäischen Gemeinschaften (1992); Seite 68.

[201] BSP pro Kopf zu Marktpreisen in Kaufkraftparitäten 1993 (in % des EG-Durchschnitts): Griechenland 49,1%; Portugal 57,3%; Irland 64,1%; Spanien 79,9%; Großbritannien 99,9%; Niederlande 103,8%; Italien 105,0%; Deutschland 105,6%; Dänemark 108,0%; Belgien 108,6%; Frankreich 115,6%; Luxemburg 186,7%. (Vgl. Messal, Rüdiger; Klein, Armin (1993); Seite 377; Tabelle 1.)

[202] Vgl. Rat der Europäischen Gemeinschaften; Schlußfolgerungen des Vorsitzes (1992); Seite 60 – 85. Die finanzielle Vorausschau befindet sich im Anhang auf Tabelle A2.

[203] Vgl. Rat der Europäischen Gemeinschaften (1992); Seite 62.

[204] Vgl. Rat der Europäischen Gemeinschaften (1992); Seite 63.

[205] Vgl. Rat der Europäischen Gemeinschaften (1992); Seite 63.

[206] Vgl. Rat der Europäischen Gemeinschaften (1992); Seite 68.

[207] Vgl. Rat der Europäischen Gemeinschaften (1992); Seite 64.

Am 31. Oktober 1994 erging „der Beschluss des Rates über das System der Eigenmittel der Europäischen Gemeinschaften“[208], der nach Abschluss der Ratifizierung im Frühjahr des Jahres 1996 rückwirkend zum 1. Januar 1995 in Kraft getreten war. Folgende Vereinbarungen wurden getroffen:

- Reduzierung der MwSt- Bemessungsgrundlage von 55% auf 50% (Art. 2 Abs. 1 c); für Staaten mit einem Pro-Kopf-BSP von weniger als 90% des Gemeinschaftsdurchschnitts im Jahr 1991 beträgt die Bemessungsgrundlage von 1995 an 50%[209]; die Senkung soll in folgenden Schritten erfolgen:

Jahr	%-Satz
1995	54%
1996	53%
1997	52%
1998	51%
1999	50%

- Beibehaltung der Erhebunsgskostenpauschale von 10% (Art. 2 Abs. 3)[210];
- Reduzierung des Abrufsatzes der MwSt-Bemessungsgrundlage von 1,4% auf 1% (Art. 2 Abs. 4 a)[211]; die Senkung soll sich wie folgt entwickeln:

[208] Vgl. ABl. L 293 vom 12. November 1994; Seite 9.
[209] Vgl. ABl. L 293 vom 12. November 1994; Seite 10.
[210] Vgl. ABl. L 293 vom 12. November 1994; Seite 11.
[211] Vgl. ABl. L 293 vom 12. November 1994; Seiten 11.

Jahr	%-Satz
1995	1,32%
1996	1,24%
1997	1,16%
1998	1,08%
1999	1,00%

- Erhöhung des Eigenmittelplafonds auf 1,27% (Art. 3 Abs. 1)[212]; die Erhöhung soll von 1995 bis 1999 folgende Sätzen erreichen:

Jahr	Höhe des Abrufsatzes
1995	1,21%
1996	1,22%
1997	1,24%
1998	1,26%
1999	1,27%

- Art. 4 Beibehaltung Briten-Rabatt[213];
- Art. 5 Finanzierung des Rabatts; der deutsche Anteil beträgt weiterhin 2/3[214];

[212] Vgl. ABl. L 293 vom 12. November 1994; Seite11.

[213] Vgl. ABl. L 293 vom 12. November 1994; Seite 11 f. .

[214] Vgl. ABl. L 293 vom 12. November 1994; Seite 12.

- Art. 10: Vorlegung eines Kommissionsberichts vor dem Ablaufen dieses EM-B zur Entwicklung des Finanzsystems; Präsentation von Vorschlägen für die nächste Finanzielle Vorausschau.[215]

Dieser erneute EM-B wurde oft auch als „Rechnung für Maastricht"[216] bezeichnet, was verschiedentlich als nicht angemessener Begriff betrachtet wurde, denn ein neuer EM-B war notwendig. Dass der neue EM-Rahmen erhöht wurde lag v.a. an der Einführung des Kohäsionsfonds. Peter Schmidhuber rechtfertigte dies mit den Worten:

> *„Ohne eine Flankierung des Integrationsprozesses durch EG-finanzierte Strukturmaßnahmen würde es in der EG bei voll entwickeltem Binnenmarkt und erst recht in einer WWU wahrscheinlich zu großen Spannungen kommen."*[217]

Auch Gerd Langguth war mit dem Befund, dass das Delors-II-Paket die Kehrseite der Medaille von Maastricht sei, nicht einverstanden. Nach Maastricht übernahm die Gemeinschaft Aufgaben und Ausgaben, z.B. im Bereich der Kultur, der Bildung und der Sozialpolitik, welche nicht mehr oder nur noch in geringem Maße von den Mitgliedsländern getragen werden mussten.[218]

---

[215] „Die Kommission unterbreitet vor Ablauf des Jahres 1999 einen Bericht über das Funktionieren des mit diesem Beschluß eingeführten Systems, der auch eine Überprüfung der dem Vereinigten Königreich zugestandenen Korrektur der Haushaltsungleichgewichte umfaßt. Sie legt ferner bis Ende des Jahres 1999 einen Bericht über die Ergebnisse einer Studie vor, in der die Möglichkeiten für die Schaffung einer neuen Eigenmittelquelle sowie die Modalitäten für die Einführung eines festen einheitlichen Satzes für die MwSt.-Eigenmittelbemessungsgrundlage untersucht werden." (Entnommen aus: Vgl. ABl. L 293 vom 12. November 1994; Seite 13.)

[216] Vgl. Schmidhuber, Peter (1992); Seite 569; European Commission (1995); Seite 29; hier wird dann von „Maastricht bill" gesprochen.

[217] Schmidhuber, Peter (1992); Seite 571.

[218] Vgl. Langguth, Gerd; zitiert nach: Mans, Angela (1992); Seite 251.

Die Einrichtung des Kohäsionsfonds sollte die Wirtschaften der Mitgliedstaaten einander näher bringen. Damit ist jedoch nicht automatisch ein Mehr an Integration verbunden. Vielmehr wurde dieser Fonds als Umverteilungsinstrument angesehen, wie die zuvor bestehenden Strukturfonds auch.

Bemerkenswert ist die Vereinbarung von Maastricht in Bezug auf die Errichtung einer Wirtschaft- und Währungsunion (WWU). Dies ist ein Schritt zu mehr Integration und könnte eines Tages eine politische Integration nach sich ziehen. Eine WWU war bereits in den 70er Jahren in Planung. Damals scheiterte sie an der Heterogenität der Volkswirtschaften der Mitgliedstaaten; diese Uneinheitlichkeit sollte mit einem Kohäsionsfonds überwunden werden. Die für diesen Fonds benötigten Geldmittel wurden durch den EM-B von 1992 zur Verfügung gestellt und es kann deshalb von einem Schritt zu mehr wirtschaftlicher Integration gesprochen werden.

2.5 Die AGENDA 2000, der Eigenmittelbeschluss von 1999 und die finanzielle Vorausschau von 2000 bis 2006

2.5.1 Die AGENDA 2000

> *„Die AGENDA 2000 ist von grundlegender Bedeutung für die künftige Entwicklung der Europäischen Union.“*[219]

Im Eigenmittelbeschluss von 1994, Art. 10, legte der Rat fest, dass die Kommission vor dem Ablauf des Jahres 1999 einen Bericht über das Funktionieren des Eigenmittel-Systems vorlegen sollte. Es sollte der Briten-Rabatt überprüft und die Möglichkeiten zur Schaffung einer neuen EM-Quelle untersucht werden. In der Zwischenzeit hatte sich die Union auf 15 Mitglieder vergrößert. Zum 1. Januar 1995 waren Finnland, Schweden und Österreich beigetreten.

Im Jahr 1997 kam die Kommission dieser Forderung mit der AGENDA 2000, die u.a. einen Bericht über das Funktionieren des Eigenmittel-Systems beinhaltete, nach.[220] In die Überlegungen wurden auch die möglichen Auswirkungen einer Ost-Erweiterung einbezogen.

Im Rahmen der AGENDA 2000 überprüfte die Kommission das derzeitige Finanzsystem auf Ergiebigkeit, Beitragsgerechtigkeit, Finanzautonomie, Transparenz, Einfachheit und Kosteneffektivität. Bzgl. der ersten beiden Punkte zeigte sich die Kommission zufrieden mit der Entwicklung.[221] Das Aufkommen der EM ging aufgrund der Auswirkungen der Handelsliberalisierung zurück. Auch die MwSt-Einnahmen waren rückläufig, was an der Kappungsgrenze von nunmehr 50% lag. Dafür stiegen die Zuflüsse aus der vierten Einnahmequelle, den BSP-Mitteln.[222] Damit trat der, v.a. von den

---

[219] Bulletin der EU 6-98; Seite 13.

[220] Vgl. Bulletin der EU (1998 c).

[221] Vgl. Bulletin der EU (1998 c); Seite 14.

[222] Siehe Grafiken in Punkt 2.6.1 .

ärmeren Ländern, geforderte Effekt, die Zurückdrängung der Regressivität, ein.

Die Finanzautonomie war für die Kommission hingegen nur unzureichend erfüllt. Dies lag hauptsächlich an dem sinkenden Anteil der originären EM zur Finanzierung der EU.[223] Die Kommission betrachtete die traditionellen Eigenmittel (TEM) als „eigene Einnahmen", während sie von den Mitgliedstaaten nach wie vor als nationale Beiträge angesehen werden.[224] Auf diesem Gebiet wurde trotz des langen Bestandes der Gemeinschaft immer noch keine Integration erreicht. Die Gemeinschaft verfügte weiterhin über keine eigene Steuer (abgesehen von den Umlagen der EGKS), die von ihr direkt erhoben wird. Die Erhebung der TEM war und ist verfahrenstechnisch nicht ganz einfach.[225] Dies liegt u.a. an der komplizierten Berechnung der MwSt-Abgabe, deren Höhe auf statistischen Berechnungen beruht. Viele Vorschriften und Ausnahmen behinderten (auch heute noch) eine effektive Einnahmesituation. Durch den komplizierten Ausgleichs-Mechanismus für Großbritannien konnte die vielfach geforderte Transparenz nicht erreicht werden.[226] Die Kommission machte deswegen in ihrem EM-Bericht Vorschläge für ein neu gestaltetes Beitragssystem und neue Eigenmittel.[227] Offerten zu Korrekturen auf der Ausgabenseite sind ebenfalls in diesem Bericht enthalten.

Auf der Tagesordnung des Berliner Sondergipfels im März 1999 zur Reform des Eigenmittel-Systems waren Vorschläge dieses Berichts nicht zu finden.

---

[223] Vgl. Bulletin der EU (1998 c); Seite 17.
[224] Vgl. Bulletin der EU (1998 c); Seite 17.
[225] Vgl. Bulletin der EU (1998 c); Seite 18.
[226] Vgl. Bulletin der EU (1998 c); Seite 19.
[227] Vgl. Bulletin der EU (1998 c); Seite 19 – 23 und 47 – 71.

2.5.2 Die Ausgangslage vor dem Berliner Gipfel

Die Ziele der deutschen Bundesregierung waren folgende[228]:

a) Lösung der Frage der Beitragsgerechtigkeit; der Bundeskanzler wandte sich gegen die Fortsetzung einer Politik, die sich das Wohlwollen unserer Nachbarn mit Nettozahlungen gleichsam erkauft[229];
b) Voranbringung der institutionellen Reformen parallel zu den Beitrittsverhandlungen;
c) Ko-Finanzierung der Agrarpolitik;
d) Einschnitte in die Höhe der Strukturförderung;
e) Abschaffung des Briten-Rabatts.

Auf der politischen Agenda standen viele Punkte. Für diese Arbeit war nur die Verabschiedung der finanziellen Vorausschau 2000 – 2006 von Bedeutung. Wie im letzten Punkt bereits erwähnt, wurden bereits im Bericht der Kommission über die Finanzierung der EU Voraussetzungen und Optionen zur Neugestaltung des Finanzsystems diskutiert.[230]

Die deutsche Bundesregierung sah die AGENDA 2000 als schwierige Aufgabe an.

> *„Ihre Lösung sei für sie[die Bundesregierung; Anm. der Verfasserin] von zentraler Bedeutung für die Handlungsfähigkeit der EU und zugleich die Voraussetzung für ernsthafte Verhandlungen über die Erweiterung.“*[231]

---

[228] Vgl. Hrbek, Rudolf (1999); Seite 8 ff. .

[229] Schröder, Gerhard; zitiert nach: Hrbek, Rudolf (1999); Seite 8.

[230] Vgl. Bulletin der EU (1998 c); siehe dazu auch: Dauderstädt, Michael; Lippert, Barbara (1998); Seite 10; 35ff.; Henke, Jürgen (1997); Seite 47ff.; Diekmann, Berend (1998); Seite 90 f. .

[231] Hrbek, Rudolf (1999); Seite 8.

Bundesaußenminister Joschka Fischer betonte ebenfalls diesen Aspekt, als er in seiner Rede davon sprach, dass eine Einigung über die AGENDA 2000 ein wichtiges Signal für die Bürger sei, welches die Handlungsfähigkeit der EU zeigen würde.[232] Begründet wurde der Zwang zur Einigung auch durch den Rücktritt der Kommission. Joschka Fischer machte deutlich, dass es erstens „um massive nationale Interessen"[233] und zweitens um sehr viel Geld[234] gehe. Für die Bundesregierung war v.a. die politische Bedeutung der AGENDA 2000 wichtig. Ein erfolgreicher Abschluss der Beratungen würde eine Hürde auf dem Weg zur Ost-Erweiterung wegräumen und zugleich Signal sein, auf dem Weg zu weiteren Reformen fortzuschreiten. Der Bundesaußenminister betonte auch, dass „die Erweiterung der Europäischen Union nicht nur im europäischen, sondern vor allem auch im deutschen Interesse"[235] liege. Die Regierung versuchte somit ihre nationalen Interessen durchzusetzen; doch das Problem war, dass Deutschland zu dieser Zeit den Ratsvorsitz inne hatte. Die Hauptaufgabe des Vorsitzes war und ist die „Makler-Funktion", sowie die Erzielung eines tragfähigen Kompromisses. Insofern hatten die deutschen Forderungen schon von Anfang an wenig Aussicht auf Erfolg. Staatsminister Günter Verheugen machte vorab bereits deutlich, dass eine Lösung nur im Rahmen eines umfassenden Interessenausgleichs und Gesamtkompromisses zwischen allen Mitgliedstaaten möglich sein werde.[236] Dies bedeutete, dass es auf einen in der EU üblichen „Package Deal" hinauslaufen würde. Ein Kompromiss käme auf der Grundlage des kleinsten gemeinsamen Nenners zustande. Oder wie es Außenminister Joschka Fischer in seiner Rede vor dem Bundestag ausdrückte:

---

[232] Vgl. Bulletin des Presse- und Informationsamtes der Bundesregierung (1999); Seite 128.

[233] Bulletin des Presse- und Informationsamtes der Bundesregierung (1999); Seite 128.

[234] Es ging um 600 Mrd. Euro; dies entspricht rund 1200 Mrd. DM.

[235] Bulletin des Presse- und Informationsamtes der Bundesregierung (1999); Seite 128.

[236] Vgl. Verheugen, Günter (1999); Seite 3.

„Es ist immer ein Zeichen für einen guten Kompromiß, daß mit ihm keiner so richtig glücklich ist, aber auch niemand in ihm eine nationale Katastrophe sieht.“[237]

Günter Verheugen machte darüber hinaus deutlich, dass die Verwirklichung der AGENDA 2000, und mit ihr eine Neugestaltung des Finanzsystems, der EU die innere Stabilität verleihe die nötig wäre, damit die mit einer Erweiterung verbundenen Aufgaben erfüllt werden können.[238] Voraussetzungen für eine Lösung waren vier Grundprinzipien:

- *„Lösung der Agenda 2000 im März 1999.*
- *Jeder Mitgliedstaat muß zu einem Kompromiß beitragen und zu Konzessionen bereit sein. Es darf keine Sieger und keine Verlierer geben.*
- *Alle Besitzstände müssen auf den Tisch. Kein Element darf aus der Diskussion ausgeklammert werden.*
- *Die Agenda 2000 muß als Gesamtpaket gelöst werden.“*[239]

Ein Hauptanliegen Deutschlands war die Senkung der Netto-Beiträge. Dies sollte durch Kürzungen in den Ausgaben der Agrar- und Strukturpolitik, aber auch durch Änderungen des EU-Finanzsystems erreicht werden. Der zukünftige Beitragsschlüssel sollte sich stärker am tatsächlichen Wohlstand, gemessen am BSP, orientieren. Bis jetzt hatten die Einnahmen aus der MwSt diese Rolle inne. Der Kohäsionsfonds sollte sich nur auf Nicht-Euroteilnehmer erstrecken. Der Zweck dieser Förderung war und ist es, den Staaten eine Teilnahme an der Währungsunion zu ermöglichen. Frankreich und Großbritannien schlossen sich diesen Vorschlägen an. Bundeskanzler Gerhard Schröder machte jedoch auch deutlich, dass Deutschland die Aufnahme neuer Mitglieder nicht verzögern wolle. Aus anderen Staaten waren Befürchtungen laut geworden, die Bundesregierung versuche durch ein Hinauszögern des Finanzbeschlusses die Erweiterung hinauszuschieben. Die Bundesregierung sah jedoch die neue finanzielle Vorausschau als eine Vor-

[237] Bulletin des Presse- und Informationsamtes der Bundesregierung (1999); Seite 131.
[238] Vgl. Verheugen, Günter (1999); Seite 3.
[239] Verheugen, Günter (1999); Seite 4.

bedingung für die Ost-Erweiterung; gleichzeitig warnte sie vor negativen Konsequenzen bei einem Nicht-Zustandekommen der AGENDA 2000.[240]

2.5.3 Der Berliner Sondergipfel vom 24./25. März 1999

Auf dem Berliner Sondergipfel wurde der endgültige Rahmen für eine neue finanzielle Vorausschau beschlossen. Zuvor gab es heftige Meinungsverschiedenheiten zwischen den einzelnen Regierungen der Mitgliedsländer. Auf dem Berliner Sondergipfel wurden ausschließlich Fragen zu einer Reform der Agrar-, Struktur-und Kohäsionspolitik und einer künftigen Finanzverfassung behandelt. Bundeskanzler Gerhard Schröder rief vorher dazu auf, eine einvernehmliche Lösung für die anstehenden Fragen zu finden. Nur so werde es auf Dauer möglich sein, die Effizienz, Handlungs- und Zukunftsfähigkeit der EU und den Erfolg des Euro zu sichern. Aber auch die Tür für die Aufnahme weiterer Länder könne durch einen erfolgreichen Abschluss geöffnet werden.[241] Michael Stabenow sah die bevorstehende Einigung denn auch nicht als „Selbstzweck“[242], sondern „sie sind Mittel zu dem Zweck, weitere Schritt in der europäischen Einigung zu ermöglichen, wenn nicht sogar zu erzwingen“[243].

In den Schlussfolgerungen des Vorsitzes zu diesem Gipfel wurde dargelegt, dass die EU durch die verabschiedete AGENDA 2000 mit wirksamen Politiken ausgestattet und dafür die finanziellen Mittel erhalten werde, „um diese Politiken im Geiste der Solidarität durchzuführen“[244].

> *„Der Europäische Rat ist der Auffassung, daß die in diesen Schlußfolgerungen dargelegten politischen Reformen und der Finanzrahmen zu ihrer mittelfristigen Finanzierung sicherstellen*

---

[240] Vgl. o.V. (1999 d); Seite 1f. .

[241] Vgl. o.V. (1999 g); Seite 1 f. .

[242] Stabenow, Michael (1999); Seite 14.

[243] Stabenow, Michael (1999); Seite 14.

[244] Schlußfolgerungen des Vorsitzes (1999); Seite 3, Nr. 3.

werden, daß die Union für die in der nächsten Zeit zu bewältigenden Aufgaben und eine erfolgreiche Gestaltung der bevorstehenden Erweiterung gerüstet ist.“[245]

Die neue finanzielle Vorausschau wurde unter der Prämisse erster Beitritte nicht vor dem Jahr 2002 erstellt.[246] Ferner wurden konstante Preise aus dem Jahr 1999 zugrundegelegt; jährliche technische Anpassungen aufgrund der Inflation würden automatisch erfolgen.[247] Das jährliche Wirtschaftswachstum wird für die EU der 15 bei 2,5% von 2000 bis 2006 angesetzt; für die MOE-Staaten soll es von 2002 bis 2006 jährlich 4,5% betragen.[248] In der neuen Vorausschau wurden Gelder zur Heranführung der mittel- und osteuropäischen (MOE) Staaten bereitgestellt, aber auch sog. Beitrittsausgaben, die Belastungen aufgrund neuer Beitritte während des Zeitraums der Vorschau decken sollen.[249] Deswegen gibt es sowohl eine Vorausschau für die derzeitige EU der 15 als auch eine weitere für die geplante EU der 21.[250]

Es wurde beschlossen, dass der Kohäsionsfonds, der ursprünglich dazu gedacht war, die vier ärmsten EU-Länder (Spanien, Portugal, Irland, Griechenland) durch finanzielle Unterstützung auf den Beitritt in eine WWU vorzubereiten, weiterbestehen soll.[251] Obwohl nur Griechenland aufgrund der schlechten Wirtschaftsdaten der WWU nicht beitreten durfte[252] und es somit nur noch ein Kohäsionsland gäbe, bekommen die anderen drei Länder weiterhin Finanzmittel aus diesem Topf;[253] die Südländer konnten sich

[245] Schlußfolgerungen des Vorsitzes (1999); Seite 3, Nr. 3.
[246] Schlußfolgerungen des Vorsitzes (1999); Seite 3, Nr. 4.
[247] Schlußfolgerungen des Vorsitzes (1999); Seite3, Nr. 6.
[248] Vgl. Bulletin der EU (1997); Seite 68.
[249] Vgl. Schlußfolgerungen des Vorsitzes (1999); Seite 4, Nr. 8 und 10.
[250] Inzwischen ist von einer EU der 28 die Rede. Die finanziellen Vorausschauen finden sich im Anhang, Tabelle A3 und A4.
[251] Schlußfolgerungen des Vorsitzes (1999); Seite 18, Nr. 50.
[252] Inzwischen wurde Griechenland offiziell in die WWU aufgenommen. Großbritannien, Schweden und Dänemark traten aufgrund der sog. „Opting-out-Klausel“ der WWU noch nicht bei.
[253] Vgl. Schlußfolgerungen des Vorsitzes (1999); Seite 18, Nr. 50.

durchsetzen. Roland Sturm war der Meinung, dass eine Teilnahme an der WWU automatisch das Ende der Förderung mit Kohäsionsfonds-Mitteln bedeuten würde.[254] Auch in einer Veröffentlichung des Bundes der Steuerzahler[255] wurde diese Meinung geteilt, dass mit dem Beitritt der Empfängerländer zur WWU die „Geschäftsgrundlage“[256] des Fonds entfallen würde. Der Wissenschaftliche Beirat beim Bundeswirtschaftsministerium sprach sich ebenfalls in einem Gutachten[257] für die Abschaffung des Kohäsionsfonds aus, da er seine Aufgabe „wirtschaftlich schwächeren Mitgliedstaaten das Erfüllen der Konvergenzkriterien zur Europäischen Währungsunion zu erleichtern“[258] erfüllt habe. Christoph Jessen widersprach der Ansicht, dass mit der Aufnahme in die WWU ein sofortiges Ausscheiden aus dem Fonds verbunden sei. Die weitere Mittelvergabe an diese Länder rechtfertigte er mit einem Blick in den EUV. Dort sei nicht vermerkt, dass eine Teilnahme an der WWU den sofortigen Ausstieg aus dem Kohäsionsfonds bedeuten würde, bzw. die Laufzeit dieses Fonds mit dem Beitritt der geförderten Länder endet.[259]

Die weiteren Beschlüsse des Berliner Gipfels stellen sich wie folgt dar:

Es ist vorgesehen, dass im Jahr 2003 eine Überprüfung des Kohäsionsfonds stattfindet; sollte sich eines der Länder als nicht mehr förderwürdig erweisen, ist eine Kürzung der Mittel vorgesehen.[260]

Die Obergrenze der letzten Vorausschau von 1,27% des EU-BSP wird beibehalten.[261]

---

[254] Vgl. Sturm, Roland; Zimmermann-Steinhart, Petra (1999); Seite 289.
[255] Vgl. o.V. (1999 c); Seite 14
[256] o.V. (1999 c); Seite 14.
[257] Wissenschaftliche Beirat (1999).
[258] Wissenschaftliche Beirat (1999); Seite 30, Nr. 46.
[259] Vgl. Jessen, Christoph (1999); Seite 173.
[260] Vgl. Schlußfolgerungen des Vorsitzes (1999); Seite 19, Nr. 53.
[261] Vgl. Schlußfolgerungen des Vorsitzes (1999); Seite 24, Nr. 70.

Der maximale Abrufsatz für die MwSt-Eigenmittel wird 2002 auf 0,75% und 2004 auf 0,50% reduziert.[262]

Der Satz für die Einbehaltung zur Deckung der Erhebungskosten für TEM steigt ab 2001 von 10% auf 25% an.[263]

Im Bereich der Agrarpolitik wurde erneut versucht, Einsparungen zu erzielen. Die von den Deutschen verfochtene Ko-Finanzierung scheiterte am Veto des französischen Staatspräsidenten Jacques Chirac; es kam nur zu einem ersten Einstieg in eine GAP-Reform.[264]
Im Bereich der Strukturpolitik wurde aus sechs Zielen drei neue konstruiert.[265]

Der Briten-Rabatt wird nicht angetastet.[266] Der Anteil an der Finanzierung des Rabatts sinkt für Österreich, Deutschland, Schweden und die Niederlande auf 25% des nominalen Anteils.[267] Es wurden technischen Anpassungen vorgenommen, damit Großbritannien keine „ungerechtfertigten Vorteile“[268] sowohl aus der bevorstehenden Erweiterung, als auch durch die Umstellung

---

[262] Vgl. Schlußfolgerungen des Vorsitzes (1999); Seite 24, Nr. 71.

[263] Vgl. Schlußfolgerungen des Vorsitzes (1999); Seite 24, Nr. 71.

[264] Vgl. Schlußfolgerungen des Vorsitzes (1999); Seite 7 ff., Nr. 19 – 22.

[265] Für fünf Ziele vgl. Fußnote 141, das sechste Ziel diente der Förderung von Regionen mit außerordentlich geringer Bevölkerungsdichte. (Entnommen aus: Institut „Finanzen und Steuern“ e.V.; Seite 10.) Die neuen Ziele sind wie folgt definiert:

Ziel 1: Förderung der Entwicklung und strukturellen Anpassung der Regionen mit Entwicklungsrückstand.

Ziel 2: Unterstützung der wirtschaftlichen und sozialen Umstellung von Gebieten mit strukturellen Schwierigkeiten.

Ziel 3: Unterstützung der Anpassung und Modernisierung der Bildungs-, Ausbildungs- und Beschäftigungspolitiken, sowie der Beschäftigungssysteme.

(Entnommen aus: Schlußfolgerungen des Vorsitzes (1999); Seite 12 f., Nr. 32, 33, 38.)

[266] Vgl. Schlußfolgerungen des Vorsitzes (1999); Seite 24, Nr. 72.

[267] Vgl. Schlußfolgerungen des Vorsitzes (1999); Seite 25, Nr. 74.

[268] o.V. (1999 n); Seite 6.

von der MwSt- zur BSP-Ressource ziehen kann. Die Briten kommentierten dies mit den Worten:

> *„Die Gründe, die unseren Haushaltsrabatt rechtfertigen, werden nicht verschwinden, aber wenn sich solch unerwartete Vorteile für das Vereinigte Königreich ergeben sollten, wäre es bereit, eine vollkommen ‚gemeinschaftliche' Lösung ins Auge zu fassen, d.h. zu akzeptieren, daß diese Beträge den Mitgliedstaaten mit einer übertriebenen ‚Nettobeitragszahlerposition' zukommen."*[269]

Die Korrektur erstreckt sich nach wie vor auch auf die Erweiterungsausgaben; nur die Vorbereitungshilfen und sog. Windfall-Gewinne, die sich aus der Änderung des Eigenmittelsystems ergeben, werden nicht in den Rabatt eingerechnet.[270]

> *„Der Premierminister [Tony Blair; Anm. der Verfasserin] wird darauf hin, daß er auch in bezug auf die Anwendung des Rabatts auf die Ausgaben in Verbindung mit der künftigen EU-Erweiterung seine Sache gewonnen habe."*[271]

Ausgenommen für die Berechnung der Ausgleichszahlungen wurden lediglich die von der EU gewährten Heranführungshilfen für MOE-Staaten ab dem Jahr 2000 (z.B. PHARE). Schon die gegenwärtige Unterstützung von MOE-Ländern im Rahmen von PHARE und TACIS fiel nicht unter die Regelungen des britischen Rabatts.[272]

Die Kommission sollte vor Ablauf dieses neuen EM-B, spätestens bis zum 1. Januar 2006, eine allgemein Überprüfung einschließlich der Auswirkungen der Erweiterung durchführen.[273]

---

[269] Zitiert nach: o.V. (1999 n); Seite 6.

[270] Vgl. Lippert, Barbara (1999); Seite 5; Schlußfolgerungen des Vorsitzes (1999); Seite 24, Nr. 72.

[271] o.V. (1999 n); Seite 7.

[272] Vgl. o.V. (1999 n); Seite 7.

[273] Vgl. Schlußfolgerungen des Vorsitzes (1999) Seite 25, Nr. 76.

Anfang 2002, nach der Ratifikation in allen EU-Mitgliedsparlamenten, soll der neue EM-B in Kraft treten.[274]

Im Nachhinein vertrat Christa Randzio-Plath (MdEP) die Auffassung, dass eine Erweiterung der EU ohne AGENDA 2000 nicht möglich sei.[275] Geradezu euphorisch äußerte sich Ferdinando Riccardi zu den Ergebnissen von Berlin:

> *„Im Ergebnis dessen besitzt Europa eine solide Basis für alle künftigen Fortschritte, vertreten durch:*
> - *die Reform der Gemeinsamen Agrarpolitik, die hinter den Hoffnungen und den Umweltanforderungen zurückbleibt, aber in die richtige Richtung geht;*
> - *die Erneuerung der Strukturpolitik, die es erlaubt, für weitere sieben Jahre die Bemühungen um wirtschaftlichen Zusammenhalt und die Entwicklung in den Gebieten mit Rückständen zu finanzieren;*
> - *einen globalen Finanzrahmen, der sowohl die inneren und äußeren Politikbereiche als auch die Verwaltungsausgaben umfaßt, so daß vermieden werden kann, daß die Aufstellung des Haushalts jedes Jahr in einen Streit ausartet;*
> - *die Finanzierung der Heranführungsinstrumente für die Bewerberländer.*
>
> *Auf diesen vier Säulen kann Europa seine Zukunft aufbauen: seine koordinierte Wirtschaftspolitik, seinen Einsatz für die Schaffung von Arbeitsplätzen, den Erfolg des Euro, seine institutionelle Reform und seine Erweiterung. Ohne die Agenda 2000 wäre der Horizont noch schwärzer geworden. Jetzt ist nichts sicher, aber alles ist möglich.“*[276]

Auch der zurückgetretene Kommissionspräsident Jacques Santer hob die Beschlüsse positiv hervor.

---

[274] Vgl. Schlußfolgerung des Vorsitzes (1999); Seite 24, Nr. 71.

[275] Vgl. Schiemann, Jürgen (1999); Seite 206.

[276] Riccardi, Ferdinando (1999 b); Seite 3.

„Der Erfolg entferne eine große Hypothek, die auf der Entwicklung der EU und der Erweiterung gelastet habe.“[277]

Kritischer dagegen wurde die Einigung von Barbara Lippert betrachtet, die feststellte, dass eine Einigung über die AGENDA 2000 wieder nur auf einem kleinsten gemeinsamen Nenner vollzogen wurde.

„Wie so oft, gelangen also kein Durchbruch, sondern Minimalreformen, die den weiteren integrationspolitischen Kurs berechenbar halten.“[278]

Für Barbara Lippert war das Berliner Ergebnis eher „unauffällig“[279] Sie kam zu dem Schluss, dass der Berliner Gipfel kein wirklicher Reform- sondern eher ein Umverteilungsgipfel war und dem weiteren Integrationsprozess kein politisches Momentum verliehen hat.

„Im übrigen gilt wieder einmal: Nach der Reform ist vor der Reform.“[280]

Auch Roland Sturm betrachtete die Ergebnisse des Berliner Sondergipfel skeptisch. Für ihn stellten die Beschlüsse der AGENDA 2000 „kein wirkliches Reformpaket dar“[281]. Alle nötigen und wichtigen Reformen, z.B. die der Institutionen, wurden vertagt. Friedrich Heinemann bezweifelt, „ob somit die Voraussetzungen für die Osterweiterung geschaffen sind“[282]. Die Mitgliedsländer beharrten bei den Verhandlungen darüber hinaus auf ihren jeweiligen nationalen Interessen und der deutschen Ratspräsidentschaft unter Bundeskanzler Gerhard Schröder gelang es nicht, sie davon abzubringen.

---

277 Santer, Jacques (1999); zitiert nach: o.V (1999 p); Seite 6.
278 Lippert, Barbara (1999); Seite 5.
279 Lippert, Barbara (1999); Seite 5.
280 Lippert, Barbara (1999); Seite 5.
281 Sturm, Roland; Zimmermann-Steinhart, Petra (1999); Seite 295.
282 Heinemann, Friedrich (1999 a); Seite 293.

Die Verabschiedung der AGENDA 2000 wurde deshalb möglich, weil haushaltsentlastende Entscheidungen, an denen v.a. Deutschland gelegen war, vertagt wurden. Die Frage nach der Finanzierung war nicht unabhängig zu regeln von Fragen zur künftigen Gestaltung der Agrar- und Strukturpolitik. Für Roland Sturm steht deshalb fest, „daß die Senkung des deutschen Nettotransfers nach der überlauten Ankündigung des Kanzlers [...] nicht besonders groß ausgefallen ist“[283]. Diese Einschätzung hat sich jedoch im Laufe des Jahres nicht bestätigt. Durch genaues Nachrechnen hat sich ergeben, dass die Nettoentlastung Deutschlands höher ausfällt als zunächst angenommen.[284]

[283] Sturm, Roland; Zimmermann-Steinhart, Petra (1999); Seite 295.
[284] Vgl. Middel, Andreas (1999); Seite 13.

2.6 Die Entwicklung des Einnahmevolumens von 1971 bis 1999 und des Rückflussvolumens in den 90er Jahren

Um eine Vorstellung über die Größenordnung des EU-Haushalts zu bekommen, soll kurz die Höhe des Einnahme- und Rückflussvolumens dargestellt werden.

2.6.1 Die Entwicklung des Einnahmevolumens von 1971 bis 1999

Tabelle 3: Entwicklung des Einnahmevolumens von 1971 bis 1999 (in Mio. Euro)[285]

	1971	1972	1973	1974	1975	1976	1977
Einnahmen	2329,3	3117,5	4914,3	5143,4	6385,1	8184,7	8675,1

	1978	1979	1980	1981	1982	1983	1984
Einnahmen	12452,8	14891,5	16432,3	18918,0	22082,1	25729,2	26082,4

	1985	1986	1987	1988	1989	1990	1991
Einnahmen	28085,1	33667,2	35783,3	41843,4	45899,8	46469,1	56294,4

	1992	1993	1994	1995	1996	1997	1998[286]
Einnahmen	59711,8	65672,7	66002,1	75077,1	81275,1	**80547,7**	87886,8

	1999[287]
Einnahmen	86350,4

Quelle: Europäische Kommission (1998); Seite 70 f. .

---

[285] 1 Euro = 1,955838 DM.

[286] Europäische Union (1999); Seite 88.

[287] Haushaltsvorentwurf.

Die Einnahmen des Jahres 1999 betragen das 37-fache des Jahres 1971. Die Gemeinschaft besteht bereits seit 1952, doch maßgeblich für die heutige Finanzierung ist der EM-B von 1970. Zuvor hat es keine eigenen Einnahmen, sondern nur Finanzbeiträge (Ausnahme EGKS) gegeben. Die Einnahmen der Bundesrepublik betragen ca. 20% des BSP[288] pro Jahr; im Vergleich zu den derzeitigen 1,27% des BSP der EU ein Vielfaches. In der Kritik steht nicht so sehr die Einnahmen-Höhe, sondern vielmehr die jährliche Steigerungsrate. Ende der 80er Jahre, Anfang der 90er Jahre stiegen die Einnahmen sprunghaft an. Dies bedeutete v.a. eine vermehrte Zahlung der nationalen Haushalte an die EU-Kasse, denn das Aufkommen der TEM ging immer weiter zurück, wie anhand der Grafiken deutlich wird.

Abbildung 1: Anteil der einzelnen Einnahmearten am Haushalt des Jahres 1971

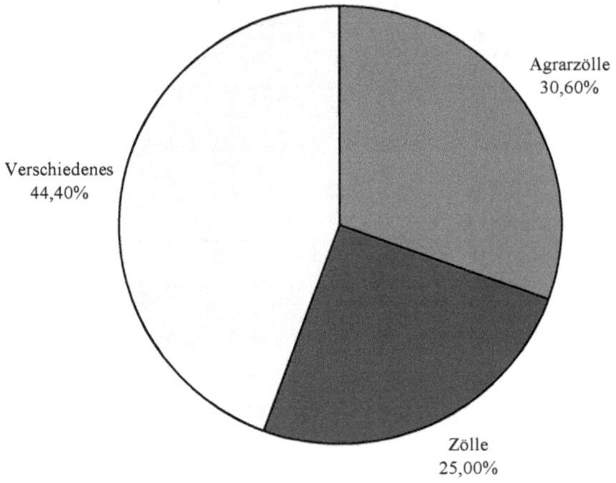

Quelle: Eigene Darstellung auf der Grundlage der Zahlen von Europäische Kommission (1998); Seite 40.

[288] Vgl. Nienhaus, Volker (1993); Seite 37.

Abbildung 2: Anteil der einzelnen Einnahmearten am Haushalt des Jahres 1979

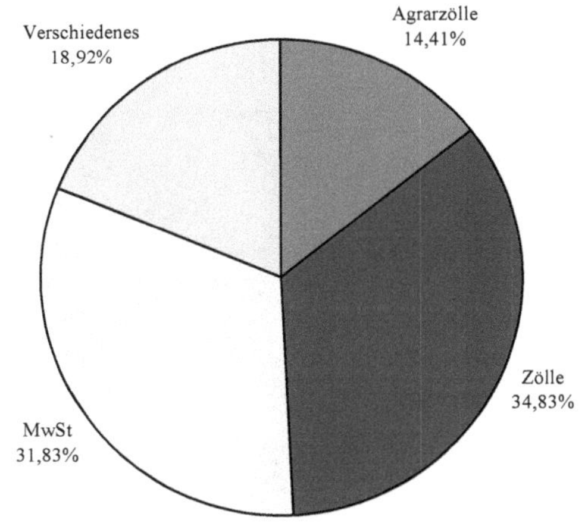

Quelle: Eigene Darstellung auf der Grundlage der Zahlen von Europäische Kommission (1998); Seite 40.

Abbildung 3: Anteil der einzelnen Einnahmearten am Haushalt des Jahres 1988

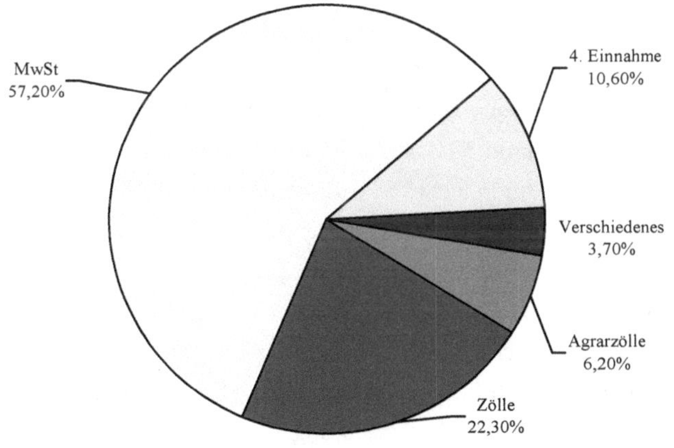

Quelle: Eigene Darstellung auf der Grundlage der Zahlen von Europäische Kommission (1998); Seite 40.

Abbildung 4: Anteil der einzelnen Einnahmearten am Haushalt des Jahres 1999

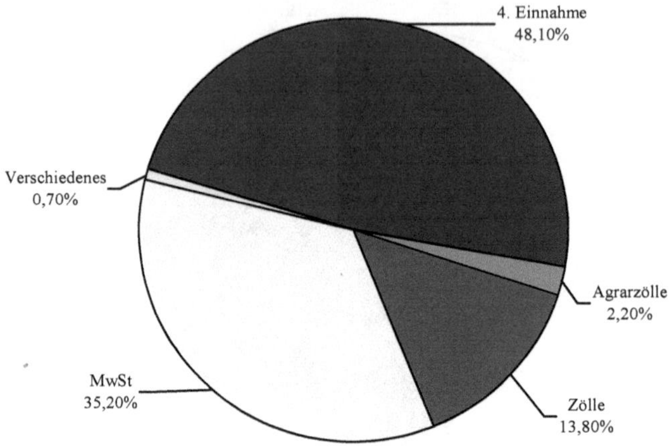

Quelle: Eigene Darstellung auf der Grundlage der Zahlen von Europäische Kommission (1998); Seite 41.

Im Jahr 1971 gab es als eigene Einnahmen nur Agrarzölle, allgemeine Zölle und den Posten „Verschiedenes"; die MwSt konnte erst zum Ende des Jahrzehnts erhoben werden. Im Jahr 1988 flossen erstmalig Gelder aus der vierten Einnahmequelle, die auf der Grundlage des BSP entstand.

Im Laufe der Zeit verschoben sich die Gewichte. Der Posten „Verschiedenes" sank von annähernd 50% auf nunmehr 1% ab. Auch das Gewicht der TEM sank von 56% auf heute 16%, bedingt durch die außenwirtschaftlichen Verträge. Durch GATT- und WTO-Vereinbarungen der letzten Jahrzehnte wurden die Zölle weltweit abgebaut. Die Agrarzölle sind darüber hinaus mit den Weltmarktpreisen für Agrarprodukte verknüpft. Sind die Preise im Welthandel im Vergleich zur EU annähernd gleich hoch, sind die Abschöpfungen gering und umgekehrt. Durch das Zurückfahren der MwSt-Bemessungsgrundlage und die Einführung einer Kappungsgrenze sank der Anteil der MwSt-Quelle an den Gesamteinnahmen nach der Einführung der vierten Einnahmeart. Diese wurde durch den Beschluss von Berlin im Jahr 1999 noch gestärkt und dürfte in Zukunft die 50%-Marke überspringen. Diese Beobachtungen lassen die Schlussfolgerung zu, dass die EU in zunehmenden Maße von den Mitgliedstaaten abhängiger wird. Dies kann mit der zurückgehenden Bedeutung der TEM erklärt werden, die der EU direkt zustehen und auf die die Mitgliedsländer keinen Zugriff mehr haben. Die anderen beiden Einnahmearten werden aus den Haushalten der Länder finanziert und haben den Charakter von Finanzbeiträgen. Aus dieser Sicht wurde auf diesem Gebiet keine weitere Integration erreicht, sondern es ging einen Schritt zurück. Eine echte Finanzautonomie wurde noch immer nicht verwirklicht und die EU ist weiter von den Zahlungen der Länder abhängig.[289]

Beachtenswert ist die Höhe der Einnahmen, aufgeschlüsselt nach Ländern in Tabelle 4. Leider liegen für einen längeren Betrachtungszeitraum keine Zahlen vor. Beim Vergleich des prozentualen Beitrags zum Haushalt mit dem prozentualen Anteil am Unions-BSP fällt auf, dass die Zahlungen mit geringen Abweichungen wohlstandsadäquat erfolgen. Dies bedeutet, dass die deutschen Beiträge nicht zu hoch bemessen sind. Die Bundesrepublik leistet wegen des größten Anteils am Unions-BSP den höchsten Beitrag. Die britischen Zahlungen sind aufgrund des Ausgleichs niedriger, da die Korrektur auf die Einnahmeseite bezogen ist.

Die Klagen der Regierungen beziehen sich denn auch auf die Rückflüsse. Durch die Rückführung der MwSt-Bemessungsgrundlage auf 0,5% und die Kappungsgrenze auf 50% erhalten die BSP-Mittel in Zukunft noch mehr Gewicht. Die Finanzierung richtet sich noch stärker am BSP aus und der Vorwurf der Regressivität verschwindet. Es ist daher interessant, die Rückflüsse[290] näher zu betrachten.

---

[289] Vgl. Kohl, Eckhard; Bergmann, Jan (1998); Seite 34.

[290] Siehe dazu Punkt 2.6.2 .

Tabelle 4: Einnahmen aufgeschlüsselt nach Ländern von 1992 bis 1999 (in Mio. Euro)[291]

		B	DK	D	GR	E	F	IRL	I	L	NL	A	P	SF	S	VK
1992	Mio.	2239,1	1034,8	16997,5	728,6	4828,0	10493,4	462,3	8279,9	123,5	3534,0		838,1			6702,4
	%	4,0	1,8	30,2	1,3	8,6	18,7	0,8	14,7	0,2	6,3		1,5			11,9
	BSP %	3,2	1,9	28,2	1,4	8,2	18,6	0,7	17,0	0,2	4,5		1,3			14,8
1993	Mio.	2394,9	1206,5	19076,4	1011,2	5192,6	11545,5	567,4	10265,0	167,0	4030,6		909,4			7626,6
	%	3,7	1,9	29,8	1,6	8,1	18,0	0,9	16,0	0,3	6,3		1,4			11,9
	BSP %	3,4	2,0	29,8	1,4	7,4	19,2	0,7	15,1	0,2	4,8		1,3			14,6
1994	Mio.	2822,1	1296,2	21366,3	992,3	4718,1	12550,9	638,9	7759,6	165,4	4245,9		1215,6			6417,4
	%	4,4	2,0	33,3	1,5	7,4	19,5	1,0	12,1	0,3	6,6		1,9			10,0
	BSP %	3,4	2,0	30,0	1,5	7,0	19,3	0,7	14,7	0,2	4,9		1,3			14,9
1995	Mio.	2680,1	1295,4	21324,1	985,2	3645,2	11876,8	664,8	6413,7	167,6	4349,6	1762,9	864,9	887,4	1658,3	9251,6
	%	4,0	1,9	31,4	1,5	5,4	17,5	1,0	9,5	0,3	6,4	2,6	1,3	1,3	2,4	13,6
	BSP %	3,3	2,0	28,7	1,4	6,7	18,2	0,7	12,8	0,2	4,7	2,8	1,2	1,5	2,7	13,2
1996	Mio.	2750,9	1368,9	20742,6	1106,0	4547,2	12423,3	681,5	9004,7	160,7	4435,5	1874,0	851,7	964,0	1969,0	8218,6
	%	3,9	1,9	29,2	1,6	6,4	17,5	1,0	12,7	0,2	6,2	2,6	1,2	1,4	2,8	11,6
	BSP %	9,2	2,0	27,4	1,4	6,8	17,9	0,7	14,1	0,2	4,6	2,7	1,2	1,4	2,8	13,5
1997	Mio.	2971,4	1505,8	21217,3	1178,4	5367,6	13185,9	687,0	8667,1	170,7	4837,6	2110,4	1077,8	1061,9	2326,0	8928,1
	%	3,9	2,0	28,2	1,6	7,1	17,5	0,9	11,5	0,2	6,4	2,8	1,4	1,4	3,1	11,9
	BSP %	3,1	1,9	26,0	1,5	6,6	17,2	0,8	14,2	0,2	4,5	2,6	1,2	1,4	2,7	16,1
1998	Mio.	3156,3	1666,0	21935,9	1333,5	5597,1	14150,3	821,7	10448,2	182,2	4984,6	2174,4	1089,7	1144,1	2323,0	11474,5
	%	3,8	2,0	26,6	1,6	6,8	17,2	1,0	12,7	0,2	6,0	2,6	1,3	1,4	2,8	13,9
	BSP %	3,0	1,9	25,6	1,4	6,6	17,1	0,8	14,0	0,2	4,5	2,5	1,2	1,4	2,7	16,8
1999	Mio.	3317,7	1750,8	22599,1	1298,1	5918,0	14725,7	861,1	11153,5	189,9	5158,7	2282,2	1172,8	1195,8	2490,2	11605,9
	%	3,9	2,0	26,4	1,5	6,9	17,2	1,0	13,0	0,2	6,0	2,7	1,4	1,4	2,9	13,5
	BSP %	3,0	2,0	25,4	1,4	6,7	17,1	0,8	14,1	0,2	4,5	2,5	1,3	1,5	2,7	16,7

Quelle: Bulletin der EU (1998 c); Seite 119; eigene Berechnung des BSP auf der Grundlage von Seite 129.

[291] TEM-Zahlen nach Abzug der Erhebungskosten; MwSt-EM ohne VK-Korrektur; einschließlich Reserven und BSP-EM-Salden der Vorjahre; ohne sonstige Einnahmen.

2.6.2 Das Rückflussvolumen in den 90er Jahren

Bei der Erstellung der Tabellen 5 und 6 wurden alle zurechenbaren Rückflüsse berücksichtigt. Als erstes sind die vergemeinschafteten Politiken zu beachten. Dazu zählt in erster Linie die GAP, ein weiterer großer Posten sind die Struktur- und Kohäsionsfondsausgaben.

Bei näherer Betrachtung der Tabelle 5 wird deutlich, dass die ärmeren Länder, bezogen auf ihren Zahlungsanteil, absolut und relativ mehr erhalten, als sie einzahlen. Wenn Tabelle 6 einbezogen wird, ist das Ausmaß besser ersichtlich. Die peripheren Staaten profitieren in hohem Maße von den Ausgaben des Strukturfonds, dessen Anteil am Haushalt im Steigen begriffen ist. Die Agrarzahlungen sanken von über 70% in den 70er Jahren auf unter 50% in der heutigen Zeit. Die Strukturfonds-Ausgaben hatten in den 70er Jahren einen Anteil von unter 10% und betragen heute über 1/3 am Gesamthaushalt.[292] Die Länder sollen in ihren Aufbauleistungen unterstützt werden; deswegen zahlen die wohlhabenderen Staaten mehr in die Kassen, als sie zurückbekommen. Es fällt auf, dass Deutschland über 50% der Nettozahlungen und Länder wie Dänemark und Frankreich, die annähernd so wohlhabend wie Deutschland sind, sogar zu Nettoempfängern werden oder nur minimale Nettobeiträge leisten.

Hier wird zum einen die Umverteilung von den reichen zu den armen Staaten deutlich. Zum anderen ist ersichtlich, wer einen ausgeprägten und leistungsfähigen Agrarsektor hat. Die GAP ist die einzig voll vergemeinschaftete Politik. Folglich fließen große Summen in diesen Bereich. Frankreich und auch Dänemark sind z.B. stark agrarisch geprägt und erhalten aus diesem Grund viel aus dem GAP-Topf.

Die Agrar- und Strukturzahlungen sind der Anlass für die Beschwerden der Nettozahler, allen voran Deutschland und Großbritannien. Die Ausgestal-

---

[292] Vgl. Europäische Kommission (1998); Seite 32 ff. .

tung wird als ungerecht empfunden, denn die Einzahlungen sind höher als die Auszahlungen. Hier kommt das Konzept des Nettozahlers und –saldos in die Diskussion. Das Konzept dazu wird ausführlich in Punkt 3.1 erläutert.

Tabelle 5: Rückflüsse aufgeschlüsselt nach Ländern von 1992 bis 1997 (in Mio. Euro)

		B	DK	D	GR	E	F	IRL	I	L	NL	A	P	SF	S	VK	Nicht EU[293]
1992	Mio.	3463,3	1330,3	7435,9	4316,9	7536,0	9174,1	2582,2	8048,2	749,7	2715,4		2963,8			4446,4	3864,7
	%	5,9	2,3	12,7	7,4	12,9	15,6	4,4	13,7	1,3	4,6		5,1			7,6	6,6
1993	Mio.	3728,0	1563,4	7416,7	5105,8	8215,0	10518,7	2969,9	9122,3	904,0	2766,6		3367,1			4667,3	3807,5
	%	5,8	2,4	11,6	8,0	12,8	16,4	4,6	14,2	1,4	4,3		5,2			7,3	5,9
1994	Mio.	3961,8	1532,8	7900,6	4866,2	7889,7	10085,6	2406,8	5393,5	772,9	2483,1		3060,5			5343,4	4607,8
	%	6,6	2,5	13,1	8,1	13,1	16,7	4,0	8,9	1,3	4,1		5,1			8,9	7,6
1995	Mio.	4398,3	1640,4	8125,7	4513,4	10898,4	10336,7	2578,3	5741,0	861,7	2428,3	902,3	3306,0	753,4	760,7	4612,4	5043,9
	%	6,6	2,5	12,1	6,7	16,3	15,5	3,9	8,6	1,3	3,6	1,3	4,9	1,1	1,1	6,9	7,5
1996	Mio.	4166,8	1616,7	10214,4	5187,0	10661,5	12285,7	2997,7	7852,2	948,4	2103,7	1660,5	3701,4	1052,0	1312,5	6112,4	4993,9
	%	5,4	2,1	13,3	6,7	13,9	16,0	3,9	10,2	1,2	2,7	2,2	4,8	1,4	1,7	8,0	6,5
1997	Mio.	4050,9	1574,4	10273,8	5550,2	11303,6	12404,8	3363,7	8605,8	896,1	2561,4	1386,8	3799,6	1118,0	1196,6	7129,3	5021,5
	%	5,0	2,0	12,8	6,9	14,1	15,5	4,2	10,7	1,1	3,2	1,7	4,7	1,4	1,5	8,9	6,3

Quelle: Bulletin der EU (1998 c); Seite 113.

---

293 Außerhalb der EU getätigte Ausgaben, Garantien und Reserven plus geringfügige Beträge die nicht zugewiesen werden konnten.

Tabelle 6: Saldenrechnung aufgeschlüsselt nach Ländern von 1992 bis 1997 (in Mio. Euro)[294]

		B	DK	D	GR	E	F	IRL	I	L	NL	A	P	SF	S	VK
1992	Mio.	-1224,2	-295,5	+9561,6	-3588,3	-2708,0	+1319,3	-2119,9	+231,7	-626,2	+818,6		-2125,7			+2256,0
1993	Mio.	-1333,1	-356,9	+11659,7	-4094,6	-3022,4	+1026,8	-2402,5	+1142,7	-737,0	+1264,0		-2457,7			+2959,3
1994	Mio.	-1139,7	-236,6	+13465,7	-3873,9	-3171,6	+2465,3	-1767,9	+2366,1	-607,5	+1762,8		-1844,9			+1074,0
1995	Mio.	-1718,2	-345,0	+13198,4	-3528,2	-7253,2	+1540,1	-1913,5	+672,7	-694,1	+1921,3	+860,6	-2441,1	+134,0	+897,6	+4639,2
1996	Mio.	-1415,9	-247,8	+10528,2	-4081,0	-6114,3	+137,6	-2316,2	+1152,5	-787,7	+2331,8	+213,5	-2849,7	-88,0	+656,5	+2106,2
1997	Mio.	-1079,5	-68,6	+10943,5	-4371,8	-5936,0	+781,1	-2676,7	+61,3	-725,4	+2276,2	+723,6	-2721,8	-56,1	+1129,4	+1798,8

Quelle: Eigene Berechnung auf der Grundlage der Tabellen 4 und 5.

294 - = Nettoempfänger; + = Nettozahler

2.7 Zusammenfassung

Wie in den vorangehenden Kapiteln erläutert, wurde auf den Gipfeltreffen der 70er, 80er und 90er Jahre v.a. um die Finanzierung des Haushaltes der EU gestritten.

Es zeigte sich, dass die Verhandlungen über den Haushalt dazu genutzt wurden, sachfremde (also nicht den Haushalt betreffende) Interessen durchzusetzen. Auch als Verquickungsgegenstand nationaler Forderungen wurden die Auseinandersetzungen um Eigenmittelbeschlüsse benutzt. Großbritannien z.B. blockierte solange einen neuen EM-B zur Erhöhung der Haushaltsmittel bis eine Reduzierung der Nettozahlungen durchgesetzt war. Großbritannien ging es hierbei ausschließlich um nationale Interessen. Auch Frankreich versuchte, durch taktische Züge die Finanzierung des Budgets für seine Zwecke zu nutzen. Deutschland war das einzige Land, das, um mehr Integration zu erlangen, sich bereit erklärte, mehr Geld nach Brüssel fließen zu lassen. Für viele Programme und Fonds war die Bundesrepublik der Hauptgeldgeber, um die Partner zu weiteren Schritten, hin auf eine politische Union, bewegen zu können. Nur unter dem Druck knapper Kasse kam es zu Reformen.

Wie gezeigt wurde, verknüpften die Mitgliedstaaten die Einzahlungen in die Brüsseler Kassen gleichzeitig mit der Höhe der Rückflüsse.

Die Verhandlungen über die EEA konnten erst erfolgreich abgeschlossen werden, nachdem beschlossen wurde, die Strukturfonds zu stärken und ihnen mehr Geld zur Verfügung zu stellen. Der darauf folgende EM-B stellte diese Gelder bereit. Durch die Kappung der MwSt-Bemessungsgrundlage wurden die peripheren Staaten entlastet und andere Staaten belastet.

Auch der Vertrag von Maastricht kam erst durch die Zusage zur Errichtung eines Kohäsionsfonds zustande, von dem nur wenige Länder profitieren. Auch hiernach erfolgte ein EM-B der die EM erhöhte.

Auf dem letzten Gipfel wurde der Plafond nicht erhöht, denn die Grenzen der letzten Jahre wurden nie erreicht. Deswegen ist nach Meinung der Kommission genügend Spielraum vorhanden, um die Ost-Erweiterung ohne EM-Erhöhung zu finanzieren.

Die Verhandlungen machten die jeweilige Europa-Konzeption der Länder deutlich. Um diese Vorstellungen noch klarer werden zu lassen, soll in Punkt 3.1 erst geklärt werden, was unter einem „Nettozahler“ zu verstehen ist und dann auf die Europa- und Integrationsvorstellungen von Deutschland[295], Großbritannien[296] und Frankreich[297] näher eingegangen werden, die eng verbunden sind mit der Finanzierung der EU.

[295] Siehe dazu Punkt 3.2.1 .

[296] Siehe dazu Punkt 3.2.2 .

[297] Siehe dazu Punkt 3.2.3 .

3. Rückflüsse als impliziter Teil des Einnahmesystems und nationalstaatliche Interessen

Rückflüsse sind Teil des Ausgabensystems. Dennoch beeinflussen sowohl ihre Höhe insgesamt, als auch die Höhe der Zahlungen an die Mitgliedstaaten die Diskussion über die Finanzierung der EU. Zur Erfüllung ihrer Aufgaben, ausgedrückt in den Gemeinschaftspolitiken, benötigt die EU Finanzmittel. Diese wiederum kommen auf dem Wege der eigenen Einnahmen zustande. Somit existiert ein sog. „Feedback loop". Die Rückfluss-Debatte wird häufig unter dem Stichwort „Nettozahler" geführt. Bevor in diese Diskussion eingestiegen werden kann, ist es wichtig, sich mit der Definition dieses Wortes bzw. was darunter verstanden wird, auseinanderzusetzen.

Rückflüsse in die Mitgliedstaaten werden durch die Gemeinschaftspolitiken[298] determiniert.[299] Beschlossen wurden die Politiken unter der Mitwirkung der EU-Länder und somit sollte es, nach Bernhard May, keine Diskussion über die Aufteilung der Rückflüsse an die einzelnen Mitglieder geben.[300] Bei der Mittelverteilung spielte und spielt die unterschiedliche wirtschaftliche Leistungsfähigkeit nur eine untergeordnete Rolle. Wichtig war bzw. ist die Ausgestaltung der vergemeinschafteten Politiken.[301] Damit nimmt die Agrarwirtschaft die wichtigste Position bei der Höhe der Rückflüsse ein.

---

[298] Besonders der GAP!

[299] Vgl. May, Bernhard (1982); Seite 46.

[300] Vgl. May, Bernhard (1984); Seite 368 f. .

[301] Vgl. May, Bernhard (1982); Seite 52 f. .

3.1 Wer oder was ist ein Nettozahler?

Zu Beginn der EG war der Terminus „Nettozahler“ unbekannt. Erst durch den Beitritt Großbritanniens im Jahr 1973 gewannen Konzept und Begriff des Nettozahlers bzw. der Nettoposition an Bedeutung. Großbritannien war der Ansicht, dass das Land zuviel in die Brüsseler Kassen einzahlen und zuwenig herausbekommen würde.

> *„London argued that these [die Beitragszahlungen; Anm. der Verfasserin] would be several times greater than the sum of Community expenditure in and on Britain. The notions of ‚net contributor‘ and ‚fair return‘ made their first appearance in the language of Community diplomacy.“*[302]

Der kleine, aber sehr effektive Agrarsektor war maßgeblich an dieser Entwicklung beteiligt. Da die GAP eine der wenigen Gemeinschaftspolitiken zu Beginn der 70er Jahre war, flossen zwischen 70% und 80%[303] der Einnahmen in diesen Bereich. Das Vereinigte Königreich hat vom Europäischen Ausgleichs- und Garantiefonds für die Landwirtschaft (EAFGL) kaum profitiert. Gleichzeitig hatte Großbritannien eine hohe Importquote und führte beträchtliche Mittel aus Zöllen und Agrarabschöpfungen nach Brüssel ab. Aus dieser Situation heraus argumentierte v.a. Premierministerin Margaret Thatcher mit einer ungerechten Nettoposition. Was nun genau wird darunter verstanden?

> *„Die Nettoposition eines Mitgliedstaates errechnet sich aus der Differenz zwischen den Zahlungen, die er aus dem Gemeinschaftshaushalt erhält, und den Zahlungen, die er zum Gemeinschaftshaushalt beiträgt.“*[304]

Der Beirat des Bundesministerium für Wirtschaft und Technologie definierte die Nettoposition etwas genauer.

---

[302] Franck, Christian; zitiert nach: Volle, Angelika (1989 b); Seite 21.

[303] Vgl. Europäische Kommission (1998); Seite 32 ff. .

[304] Wagner, Wolfgang (1999); Seite 36.

„Die Nettoposition ist [...] definiert als die Differenz zwischen den in einem Land insgesamt aufkommenden Eigenmitteln und dem zurechenbaren Rückfluß in dieses Land über die Ausgabenseite des Gemeinschaftshaushalts.“[305]

Da die „originären“ Eigenmittel keine, einem Mitgliedstaat direkt zurechenbare Zahlung darstellen, definierte der Beirat den Nettobeitrag „als die Differenz zwischen den Beitragsleistungen eines Landes in Form der Mehrwertsteuer- und der BSP-Eigenmittel und dem zurechenbaren Rückfluß auf der Ausgabenseite“[306]. Was aber genau „zurechenbare Rückflüsse“ sind, darüber schwiegen sich die Autoren aus. Es wird nur festgestellt, dass der Nettobeitrag eine „durchaus aussagefähige Maßzahl der Zahlungsbelastung eines Landes“[307] sei. So einfach diese Sätze klingen, so viel Sprengkraft liegt in ihnen. Es wurde argumentiert, dass Geldzahlungen die Vor- und Nachteile einer EU-Mitgliedschaft nur verzerrt wiedergeben.[308]

„Die rechnerisch nachweisbaren (harten) Fakten der Zahlungsströme wären also um monetär nicht unmittelbar bewertbare (weiche) Sachverhalte zu ergänzen. Derartige Effekte der Union wirken sich letztlich auf die Entwicklung des jeweiligen nationalen Bruttoinlandsprodukts aus, das als ein maßgeblicher Indikator für die Wirtschaftskraft einer Volkswirtschaft angesehen wird. Mittelbar resultieren daraus Rückwirkungen auf die Beitragsleistungen in den nachfolgenden Jahren.“[309]

Dies gilt um so mehr, als mit der Verabschiedung der AGENDA 2000 die BSP-Säule zur EU-Finanzierung gestärkt wurde. Vieles lässt sich nicht in Geldbeträgen messen. Wie hoch soll bspw. der freie Zugang zu den Märkten durch die Schaffung des Binnenmarktes bewertet werden? Wie hätten sich

---

[305] Wissenschaftliche Beirat (1999); Seite 10, Nr. 13.

[306] Wissenschaftliche Beirat (1999); Seite 10, Nr. 13.

[307] Wissenschaftliche Beirat (1999); Seite 10, Nr. 13; vgl. auch: Edwards, Andrew (1982); Seite 747 – 756.

[308] Vgl. Wagner, Wolfgang (1999); Seite 36; Dickertmann, Dietrich (1999); Seite 78; Bulletin der EU (1998 c); Anhang 3, Seite 72 – 76.

[309] Dickertmann, Dietrich (1999); Seite 78.

die einzelnen Mitgliedstaaten wirtschaftlich und politisch ohne EU entwikkelt?

Durch das Anschwellen des EU-Haushalts im Laufe der Jahre wuchsen die Finanztransfers der Mitgliedstaaten. Die EU-Politik hatte und hat v.a. zum Ziel, regionale Unterschiede auszugleichen[310], deshalb wurde für „wohlhabendere Länder", wie Deutschland, die Lücke zwischen Zahlungen und Rückflüssen größer. Jedoch nicht alle Rückfluss- oder Zahlungsposten können direkt einem Land zugerechnet werden. Die Zolleinnahmen werden in dem Land fällig, in dessen Hafen die Ladung gelöscht wird. Dennoch kann diese Zahlung dem Land nicht als zurechenbare Einnahme angelastet werden. Dies liegt an zwei Faktoren:

1. Erstens existiert eine gemeinsame Zollpolitik. Es wird nur auf EU-Ebene in diesem Bereich entschieden. Die einzelnen Mitgliedstaaten haben kein Entscheidungsrecht.
2. Zweitens wird die Ware in diesem Land nicht automatisch dort verbraucht, sondern wird in andere EU-Länder weitertransportiert.

Daraus ergibt sich der sog. „Rotterdam-Antwerpen-Effekt". In den Häfen dieser beiden Städte wird besonders viel Ladung gelöscht und beide Länder (die Niederlande und Belgien) tragen auf dem Gebiet der Zolleinnahmen überproportional zu den eigenen Einnahmen bei, obwohl der Großteil der Ware weiterbefördert wird. Auch Ausgaben für Verwaltungstätigkeit sind nicht zurechenbar. Die meisten EU-Behörden sitzen in Belgien und Luxemburg, die Mitarbeiter kommen aber nicht nur aus diesen beiden Ländern, sondern weisen Beschäftigte aus allen Mitgliedstaaten auf. Ebenso nicht zurechenbar sind Ausgaben für externe Politikbereiche, z.B. PHARE, TACIS und Entwicklungshilfe. Die Fondsausgaben für Projekte an bestimmte Länder führen nicht automatisch dazu, dass nur einheimische Firmen an diesem

---

[310] Vgl. die Entstehung des EFRE, der Strukturfonds und des Kohäsionsfonds.

Vorhaben beteiligt werden. Vielfach bauen Unternehmungen anderer Mitgliedstaaten mit.[311] Aber dem Land, das die Fondsmittel bekommt, wird der Betrag als Rückfluss angerechnet.[312]

> *„Das Grundproblem der Nettozahler-Debatte ist die Verkürzung der Analyse auf den Finanzierungssaldo."*[313]

Die Konzeption der Nettosalden wird vielfach auch unter dem Begriff des „Finanzausgleichs" subsumiert. Verstanden wird darunter die innergemeinschaftliche Umverteilung bzw. die Umverteilungswirkung, v.a. durch die Fonds.[314]

Manche Mitgliedsländer interpretieren die Nettoposition als Kosten-Nutzen-Rechnung ihrer Mitgliedschaft. Um beides im Gleichgewicht zu halten, wird eine ausgeglichene Nettoposition gefordert. Diese Sichtweise wird als „juste-retour Denken" bezeichnet.[315] Doch wie bereits erwähnt, sagen die EU-Finanzströme nur bedingt etwas über die Vor- oder Nachteile einer EU-Mitgliedschaft aus. Viele ökonomische und außer-ökonomische Effekte der europäischen Integration sind schwer oder gar nicht quantifizierbar.[316] Auch der Rechnungshof der Gemeinschaft hielt in seinem Jahresbericht zum Haushalt 1997 die Ermittlung des Gewinns, der sich aus der Zugehörigkeit zur Gemeinschaft ergibt, durch eine Saldenberechnung für fragwürdig.[317]

Es gibt auch Autoren, die nicht nur die Finanzströme betrachten, sondern ebenso die Pro-Kopf-Belastung innerhalb der einzelnen Mitgliedsländer analysieren. Bei Betrachtung von Tabelle 7 fällt auf, dass bei Einbeziehung

---

[311] Hier kann das berühmte Bsp. vom Bau des Athener Flughafens dienen. Dort war eine deutsche Baufirma maßgeblich beteiligt. (Vgl. dazu: Brok, Elmar (1994); Seite 23.)
[312] Vgl. Weise, Christian (1997); Seite 730 f. .
[313] Weise, Christian (1997); Seite 737.
[314] Vgl. Caesar, Rolf (1997); Seite 291.
[315] Vgl. Caesar, Rolf (1997); Seite 292; Nittka, Ulrich (1979); Seite 241.
[316] Vgl. Caesar, Rolf (1997); Seite 292.
[317] Vgl. ABl. C 349 vom 17. November 1998; Seite 16, Nr. 1.28.

der Zölle die Niederlande mit 148 ECU noch vor Deutschland mit 135 ECU pro Kopf die größten Nettozahler der Gemeinschaft im Jahr 1997 waren. Wenn das Zollaufkommen herausgerechnet wird, ergibt sich ein anderes Bild. Deutschland wird mit 93 ECU vor den Niederlanden mit nunmehr 38 ECU pro Kopf zum größten Nettozahler der Union. Großbritannien, Frankreich und Italien werden dabei zu Nettoempfängern.

Tabelle 7: Pro-Kopf-Belastung ausgewählter Mitgliedsländer im Jahr 1997 (in ECU)[318]

	NL	D	S	L	B	A	VK	F	I	DK
inkl. Zölle	+148	+135	+128	+123	+111	+91	+32	+17	+3	-7
exkl. Zölle	+38	+93	+87	+71	+9	+59	-20	-10	-17	-61

Quelle: Wissenschaftlicher Beirat (1999); Seite 11.

Die Kommission selbst ermittelte erst nach langem Zögern im Jahr 1978 erstmals die Nettopositionen der Mitgliedstaaten.[319] Sie benutzte dazu die Kassenkonten der EU-Staaten (diese unterhält die Kommission bei den Finanzverwaltungen der EU-Staaten) und schaute sich dort die Ein- und Auszahlungen an; es handelte sich somit um eine zahlungsbilanzmäßige Betrachtungsweise.[320]

Das Nettozahler- respektive –empfänger-Problem war und ist v.a. in der Verteilungswirkung der Agrarpolitik begründet. Die Mittel fließen leistungsfähigen Agrargebieten im Norden (v.a. Dänemark) zu, während Strukturfondsmittel mehrheitlich wirtschaftsschwachen Staaten (Portugal, Spanien, Griechenland, Irland) zugute kommen. Da die Agrarpolitik der einzige Be-

---

[318] - = Nettoempfänger; + = Nettozahler. Für die Jahre von 1991 bis 1995 siehe: Bericht der Arbeitsgruppe der EU-Referenten (1997); Seite 9; vgl. auch Kohl, Eckhard; Bergmann, Jan (1998); Seite 36.

[319] Vgl. May, Bernhard (1984); Seite 369.

[320] Vgl. May, Bernhard (1984); Seite 369.

reich mit ausgeprägten Kompetenzen für die Kommission darstellt, fließt ein Großteil (rund 2/3) in dieses Segment.[321]

3.2 Nettozahlerdebatte als Streit über die Rückfluss-Höhe und die Integrationsfortschritte

Im letzten Punkt wurde das Konzept der Nettoposition bzw. des –zahlers geklärt. Es geht nun darum, welche Positionen bestimmte Mitgliedstaaten bzgl. der Nettosalden vertreten und wie teilweise versucht wird, durch diese Diskussion bestimmte Integrationsfortschritte zu blockieren oder hinauszuzögern. Grundlagen für die heutigen Finanzprobleme und damit auch für die Nettozahler-Debatte waren die Verhandlungen und Beschlüsse zu EAG und EWG.[322] Im Gegensatz zur EGKS waren die Finanzbestimmungen für beide Gemeinschaften sehr rigide.[323] Im Laufe der Jahre erwies sich die Einbeziehung des Agrarsektors als Quelle finanzpolitischer Probleme.[324]

Als Beispiel-Länder sollen Deutschland, Großbritannien und Frankreich dienen. Die Auswahl lässt sich erstens durch die wirtschaftliche Größe, zweitens durch die politischen Größe und drittens wegen oftmals divergierender Interessen in Fragen der EU-Integration begründen. In den nachfolgenden Punkten soll gleichzeitig mituntersucht werden, warum es zur Entstehung von Fonds, bspw. EFRE kam. Eines sollte nicht vergessen werden: Mitwirkung und –gestaltung von Europapolitik der Mitglieder erfolgten nicht aus reinem Selbstzweck.

---

[321] Vgl. Biehl, Dieter (1988 b); Seite 66.
[322] Vgl. May, Bernhard (1982); Seite 24.
[323] Siehe dazu Punkt 2.1.2 und Punkt 2.1.3 .
[324] Vgl. May, Bernhard (1982); Seite 24.

„Es ist eine Illusion, davon auszugehen, daß das europäische Einigungswerk nach dem Zweiten Weltkrieg nur zum reinen Selbstzweck begonnen wurde."[325]

Alle Staaten wiesen bzgl. der Interessenlagen eine Übereinstimmung auf:[326]

- Angst vor Deutschland, die sich in dem Wunsch nach politischer Kontrolle der deutschen Leistungskraft ausdrückte;
- Förderung von Handel und Wirtschaftsentwicklung;
- Bewahrung politischen Einflusses und internationalem Prestige (galt v.a. für Frankreich);
- Sicherheit und Selbstbehauptung.

3.2.1 Die Interessen Deutschlands an einer europäischen Integration

Deutschland gehörte mit zu den sechs Gründungsmitgliedern von EGKS, EAG und EWG. Welche Ziele verfolgte Deutschland mit der Teilnahme an diesen Gemeinschaften?[327] Dazu zählten fünf Gründe, die im Nachfolgenden kurz erläutert werden sollen:

- Erstens ging es um die wirtschaftliche Prosperität. Der Wiederaufbau Deutschlands nach dem Zweiten Weltkrieg war mit Hilfe des Marshall-Plans gefördert worden. Eine weitere Expansion des Handels sollte durch eine engere Zusammenarbeit mit den anderen Marshall-Ländern[328] sichergestellt werden. Die Regierung des ersten Bundeskanzlers Konrad Adenauer ging davon aus, dass sich durch eine Integration die Vorbehalte gegen

---

[325] Piepenschneider, Melanie (1994); Seite 30.

[326] Vgl. Janning, Josef; Piepenschneider, Melanie (1993); Seite 13.

[327] Für die folgenden Ausführungen vgl. Piepenschneider, Melanie (1994); Seite 31 – 34; Hrbek, Rudolf; Wessels, Wolfgang (1984); Seite 510 – 516; Janning, Josef, Piepenschneider, Melanie (1993); Seite 10 – 28.

[328] Dazu zählten u.a. auch Italien, Frankreich und Großbritannien.

die junge Bundesrepublik als Partner in Wirtschaft und Handel abschwächen würden. Auch die Herstellung der Souveränität war nach der Meinung Adenauers nur durch einen Souveränitätsverzicht, der sich aufgrund von mehr Integration ergab, zu erlangen.

- Der zweite Punkt war der Wunsch nach Sicherung des Friedens. Nur durch ein westeuropäisches Bündnis war es möglich, militärische Sicherheit gegenüber der Sowjetunion zu erreichen. Je stabiler die Allianz wäre, umso sicherer konnte sich Deutschland fühlen. Die militärische Integration war mit der wirtschaftlichen auf das Engste verknüpft.

- Der dritte Aspekt beschäftigte sich mit der europäische Interessenbündelung. Deutschland war nach dem Zweiten Weltkrieg geteilt und nur teilweise souverän. Politische Entscheidungen standen unter dem Vorbehalt der alliierten Mächte. Der Handlungsspielraum der Bundesregierung war eng begrenzt. Durch eine europäische Integration bestand die Möglichkeit, gemeinsame Interessen zu vertreten und dabei auch die deutschen Belange zum Ausdruck zu bringen.

- Der vierte Aspekt zielte auf die internationale Achtung und Anerkennung. Durch eine Integration bestand die Möglichkeit zur Erlangung von Souveränität. Im gemeinsamen Verzicht mit anderen Staaten in Teilbereichen nationaler Entscheidungshoheit lag auch der Verzicht der Partner auf eine Diskriminierung der Bundesrepublik.

- Der letzte Punkt betraf die Einbindung Deutschlands. Nach der Beendigung des Zweiten Weltkriegs mussten die Beziehungen zu den westeuropäischen Nachbarn auf eine neue Grundlage gestellt werden. Die politische Ordnung der jungen Bundesrepublik sollte als freiheitliche Demokratie und sozialer Rechtsstaat ausgebaut und gefestigt werden. Durch eine Integration bot sich die Chance auf der Basis eines Interessenausgleichs Partnerschaften, v.a. mit Frankreich, zu gründen.

Dies waren die ersten strategischen außenpolitischen Überlegungen Konrad Adenauers. Kern seiner Politik war die enge Bindung an die Vereinigten Staaten von Amerika als zentralem Sicherheitspartner, die Aussöhnung mit Frankreich und die Einfügung der Bundesrepublik in eine europäische Integration zur Wiedererlangung von Souveränität und Handlungsfähigkeit, um damit auch die Wiedervereinigung zu bewerkstelligen.[329] Diese Grundlagen gelten heute noch.

> *„Die* deutsche *Europa-Politik hatte ursprünglich zum Ziel, eine überstaatliche (supranationale) Einigungsstruktur zu schaffen, mit der die Beziehungen zwischen den europäischen Nationalstaaten auf Kosten ihrer Souveränität auf eine neue Grundlage gestellt würden."*[330]

Alle Gründungsstaaten hatten das gemeinsame Ziel, Frieden in Freiheit in Europa zu sichern. Gleichzeitig sollten sowohl das ökonomische, als auch das politische Potenzial Deutschlands durch eine Einbindung unter Kontrolle gehalten werden. Deutschland selbst sah dadurch die Chance zur Erlangung von Gleichberechtigung und Souveränität. Das deutsche Motto: „Deutschlands Weg zu sich selbst führt über Europa."[331]

Durch Europa bekam Deutschland die Möglichkeit einer Rückführung in die internationale Staaten- und Völkergemeinschaft. Erleichtert wurde dies durch den wirtschaftlichen Aufschwung und einen Verzicht auf nationale Politik. Es sollte dabei nicht übersehen werden, dass Deutschland nur über

---

[329] Vgl. Piepenschneider, Melanie (1994); Seite 33.

[330] Jung, Friedrich Ernst (1997); Seite 221.

[331] Kolboom, Ingo (1993); Seite 31.

den „Umweg Europa" seine teilweise nationalen Interessen durchsetzen konnte.[332]

Die Nettozahler-Diskussion flammte in Deutschland erst Mitte der 70er Jahre auf und verstärkte sich zu Anfang der 80er Jahre.[333] In der Bundesrepublik gingen im Jahr 1975 erstmals die Exporte zurück, im Jahr 1979 wies die Leistungsbilanz ein Defizit auf und es fand ein vermehrter Kapitalabfluss statt. Die Verschuldung der öffentlichen Haushalte im Verhältnis zum BSP stieg an und die Arbeitslosenzahlen nahmen zu.

> *„Für die deutsche Europapolitik bedeutete dies eine zunehmende Einengung ihres finanziellen Spielraums, bei gleichzeitig steigenden Erwartungen der EG-Partner an deutsche Leistungen."*[334]

Im Jahr 1976 stiegen die deutschen Beiträge stark an, die Rückflüsse blieben gleich. In der Öffentlichkeit begann daraufhin eine Diskussion um die finanzielle Nettobelastung, „andere ökonomische und politische Aspekte blieben weitgehend unberücksichtigt"[335]. Klaus Otto Nass kritisierte in seinem Aufsatz[336], dass die EG-Zahlungen der deutschen Öffentlichkeit stets als „Opfer" verkauft wurden. Seiner Ansicht nach waren die Beiträge stattdessen sinnvolle Investitionen, die einen höheren ökonomischen und politischen Ertrag zeigten als es ohne Gemeinschaft der Fall gewesen wäre. Die Zahlungen an das europäische Budget wurden laut Klaus Otto Nass in der Öffentlichkeit als „Leistung ohne Gegenleistung"[337] dargestellt. Auch Helgar

---

[332] Vgl. Kolboom, Ingo (1993); Seite 32.

[333] „In die Welt gesetzt wurde die Mär vom „Zahlmeister Europas" in den siebziger Jahren von Hans Apel, dem damaligen „Haushaltsexperten" der Sozialdemokraten. Bundeskanzler Helmut Schmidt erzählte die Legende weiter. Und seitdem wird sie immer wieder nachgebetet." Brok, Elmar (1994); Seite 18.

[334] Gaddum, Eckart (1994); Seite 63.

[335] May, Bernhard (1982); Seite 26.

[336] Vgl. Nass, Klaus Otto (1978); Seite 325 – 336.

[337] Nass, Klaus Otto (1978); Seite 327.

Kühlcke und Bernhard May verteidigten in einem Aufsatz Mitte der 80er Jahre[338] die deutschen Nettozahlungen.

> *„Die Erhaltung und Verbesserung der politischen Handlungsfähigkeit kann durchaus eine materielle Leistung erfordern und rechtfertigen, der eine unmittelbar meßbare Gegenleistung nicht gegenübersteht."*[339]

Für sie gingen der wirtschaftliche Aufstieg und die europäische Integration Hand in Hand. Durch die Integration, v.a. in die EWG, war es Deutschland gelungen, zu einer der wirtschaftsstärksten Staaten zu werden. Deshalb empfahlen Helgar Kühlcke und Bernhard May, einen möglichst nicht zu geringen finanziellen Beitrag zu leisten. Ansonsten sahen sie die Gefahr neidvoller Blicke weniger erfolgreicher Länder.[340]

Der Bund der Steuerzahler äußerte sich hinsichtlich der Nettozahlungen keineswegs euphorisch.[341] Begründet wurde dies mit Blick auf das Wohlstandsniveau Deutschlands. Seit der Wiedervereinigung rutschte die Bundesrepublik auf der Wohlstandsskala nach unten. Die Nettozahlungen hingegen stiegen an. Kritisiert wurde z.B. die geringe Nettozahlung Frankreichs trotz fast gleichem Wohlstandsniveau.[342] Die Vereinigung wendete deswegen ein, dass solch eine Entwicklung auf Dauer die Zustimmung der Bevölkerung zur Union negativ beeinflusst. Sie hält diese Evolution bzgl. der europäischen Integration für nicht förderlich.[343] Auch die Arbeitsgruppe der EU-Referenten der Länderfinanzressorts hielt die hohen Nettozahlungen für nicht gerechtfertigt. Ihrer Ansicht nach ziehe Deutschland aus der EU-Mitgliedschaft keine Vorteile, die nicht auch den anderen zugute kommen.[344]

---

[338] Vgl. Kühlcke, Helgar; May, Bernhard (1986)
[339] Kühlcke, Helgar; May, Bernhard (1986); Seite 4.
[340] Vgl. Kühlcke, Helgar; May, Bernhard (1986); Seite 3f. .
[341] o.V. (1999 c); Seite 29 – 34.
[342] Vgl. o.V. (1999 c); Seite 34.
[343] Vgl. o.V. (1999 c); Seite 29.
[344] Vgl. Bericht der Arbeitsgruppe der EU-Referenten (1997); Seite 20.

Vielmehr würden die kleinen und wirtschaftlich schwächeren Länder besonders vom Binnenmarkt profitieren.

Tatsache ist, dass Deutschland durch die Zugehörigkeit zur Gemeinschaft sein politisches Gewicht erhöhen konnte und auf diese Weise bereits zehn Jahre nach dem Zweiten Weltkrieg die Souveränität wiedererlangte.

Nach Rudolf Hrbek und Wolfgang Wessels war und ist die EG für Deutschland ein wichtiger Ordnungs- und Handlungsrahmen sowohl für die Politik, als auch die Entwicklung Deutschlands allgemein. Durch eine Einbindung in die Strukturen der EG, gelang es der Bundesrepublik Souveränität zurückzugewinnen. Die rohstoffarme Industrie konnte sich durch offenere Märkte bessere Absatzchancen aufbauen und damit zum wirtschaftlichen Aufstieg Deutschlands beitragen. Die Stabilität der EG als Handlungsrahmen ist nach Ansicht beider Autoren aber nur gegeben, wenn anstehende Probleme erfolgreich gelöst werden. Deutschland musste in die Gemeinschaft investieren, wenn der Nutzen des Rahmens erhalten bleiben sollte. Als Bsp. führten beide den Streit im Jahr 1980 um den britischen Finanzbeitrag an. Deutschland zahlte aufgrund des gefundenen Kompromisses innerhalb von zwei Jahren 2,6 Mrd. DM mehr ein. Bundeskanzler Helmut Schmidt verteidigte vor dem Bundestag diese Entscheidung mit dem Hinweis darauf, dass dieser Streit die Handlungsfähigkeit der Gemeinschaft bedroht und gelähmt habe.[345]

> *„Die Erhaltung des Gleichgewichts und die Stärkung der Rolle Europas bei der Bewahrung des Friedens in der Welt machten einen Kompromiß zugunsten Großbritanniens erforderlich. Dabei hat die Bundesrepublik Deutschland ihren Anteil zu tragen, wie die anderen Mitgliedstaaten der Gemeinschaft auch, und zwar entsprechend dem Schlüssel des seit 1971 geltenden Finanzierungssystems der EG."*[346]

---

[345] Vgl. Hrbek, Rudolf; Wessels, Wolfgang (1984); Seite 519 f. .

[346] Beschluß des Bundeskabinetts vom 4. Juni 1980; zitiert nach: Ehrhardt, Carl (1982); Seite 235.

Mit diesem Vorgang wurde die Bedeutung offensichtlich, die Deutschland der EG als Ordnungs- und Handlungsrahmen zuschrieb. Um dies zu erhalten, wurden Konzessionen bereits bei der Gründung der EWG gemacht. Nur durch eine Vereinbarung zwischen Bonn und Paris kam die Wirtschaftsgemeinschaft zustande. Deutschland wurde ein erweiterter und wettbewerbsrechtlich abgesicherter Markt für Industrieprodukte zugesichert. Im Gegenzug stimmte Deutschland einem protektionistisch-dirigistischem Agrarsystem zu, deren Hauptprofiteur Frankreich war.[347] Übergeordnete politische Erwägungen spielten dabei die Hauptrolle. Deutschland versuchte Handlungsspielräume und Souveränität zurückzugewinnen. Dies wurde durch einen wachsenden deutschen Beitrag zum Gemeinschaftshaushalt erkauft.[348]

Durch die Mitgliedschaft in den Gemeinschaften bzw. durch eine Zusammenarbeit mit den Partnern sicherte sich Deutschland wirtschaftliche Sicherheit. Deutschland war und ist auf offene Märkte angewiesen, da es zur Herstellung seiner Produkte Rohstoffe benötigt, die das Land nicht besitzt. Auch der Stellenwert und dadurch das politische Gewicht der Bundesrepublik erhöhten sich durch die EG-Mitgliedschaft.[349]

Die deutsche Bundesregierung gehörte auf den vorher genannten Grundlagen im Jahr 1975 zu den Befürwortern einer Errichtung von EFRE. Der deutsche Bundeskanzler Willy Brandt sah darin Fortschritte für eine WWU. Um diese zu verwirklichen, mussten die Lebensqualität und das –niveau innerhalb der Gemeinschaft verbessert werden.[350] Die Briten waren noch stärker an der Fondsgründung interessiert, da Großbritannien sich erhoffte, seinen Landsleuten einen Beitritt zur EG attraktiver erscheinen zu lassen. Die Briten waren sich darüber hinaus der Tatsache bewußt, dass ihre Wirtschaft einige Industriezweige aufwies, die keine Zukunftschancen mehr besaßen. Sie hofften, durch eine Regionalpolitik Hilfen zur Umstrukturierung zu er-

---

[347] Vgl. Meyer, Patrick (1999); Seite 569.
[348] Vgl. Meyer, Patrick (1999); Seite 569.
[349] Vgl. Woyke, Wichard (1998); Seite 305f. .
[350] Vgl. Thomson, George (1974); Seite 37.

halten. Denn ansonsten, so die Ansicht Großbritanniens, könnte die britische Wirtschaft die WWU-Integration behindern.[351] Die Gemeinschaft hatte zuvor bereits die wirtschaftliche Unterentwicklung in Teilen ihres Gebietes registriert, z.B. im Süden Italiens, doch erst durch den Beitritt Großbritanniens wurde der Fonds zur Minderung sozialer und regionaler Probleme geschaffen. Aufgabe des Fonds war es, sich der Probleme anzunehmen, die überwiegend aus landwirtschaftlichen Strukturen, aus industriellen Wandlungen und aus struktureller Unterbeschäftigung resultierten.[352] Der Fonds existierte aber auch, um Großbritannien für die struktrurbedingten Nachteile im damals gültigen Finanzierungsverfahren[353] zu entschädigen.[354]

Die Interessen Deutschlands an diesem Fonds, aus dem sie kaum profitierten, lassen sich wie folgt umschreiben:[355]

- Erstens einen politischen Grund: Für eine weitere Integration Europas wurde der Regionalfonds als unerlässlich angesehen.
- Der zweite Grund hatte einen sozialen Aspekt: Durch die Fondsmittel entstand die Hoffnung, dass es zu einem ausgewogeneren Wachstum in der Gemeinschaft käme und der Sog von ausländischen Arbeitskräften gebremst würde.
- Der letzte Grund war ein wirtschaftlicher: Die Bundesrepublik hatte ein Interesse an einem weiteren Wachstum des europäischen Industriemarktes unter besserer Ausnutzung ungenutzter industrieller Potenziale.

Eine Forderung der Bundesregierung bestand darin, dass sich die Förderung nur auf die Regionen mit den größten Problemen konzentriert und nicht die Hälfte des Gemeinschaftsgebietes als förderwürdig erklärt werde. Hinter-

---

[351] Vgl. Thomson, George (1974); Seite 37.
[352] Vgl. Thomson, George (1974); Seite 38.
[353] Siehe dazu Punkt 2.1.4 .
[354] Vgl. Heinemann, Friedrich (1999 a); Seite 294.
[355] Vgl. Thomson, George (1974); Seite 39.

grund war die Befürchtung, dass Frankreich aufgrund sehr weit gefasster Kriterien hohe Rückflüsse erhalten würde und damit von einer fairen Lastenteilung nicht mehr gesprochen werden konnte. Deutschland wäre bei diesem Szenario der einzige Nettozahler des Regionalfonds gewesen.[356] Roland Wartenweiler sah die Schaffung dieses Fonds als „kleines Trostpflaster“[357] für Großbritannien, aufgrund des von Frankreich durchgeboxten agrarlastigen Haushalts.[358]

Im Jahr 1982 nach der Regierungsübernahme von Helmut Kohl erteilte er einer Union, die sich nur auf wirtschaftliche Gebiete konzentriert, eine Absage.

> *„Die Europäische Gemeinschaft ist nicht die Filiale einer Bank, in die man einen Beitrag hinbringt [Eigenmittel; Anm. der Verfasserin], in der stillen Hoffnung, daß man mit günstigen Anlagen und Zinsen mehr rausbekommt [Rückflüsse; Anm. der Verfasserin], als man hineingezahlt hat.“*[359]

Helmut Kohl wollte auch dem Eindruck entgegenwirken, dass Deutschland „am Integrationswerk als politischer Zukunftsaufgabe“[360] wenig Interesse habe. Zu Beginn der Regierungsverantwortung stufte er „das politische Einigungsziel Europas als hochrangig“[361] ein. Helmut Kohl verfocht die Idee einer politischen Einigung. Ihm ging es vorrangig darum, ein Bewusstsein zu schaffen, dass die EG kein reiner Verteilungsapparat für die eingezahlten Haushaltsmittel sei. Er sah in der Gemeinschaft einen lebenswichtigen Zusammenschluss freiheitlicher und demokratischer Staaten in Westeuropa.[362] Wie schon unter dem ersten Bundeskanzler Konrad Adenauer, so entstand mit dem Regierungswechsel erneut die Deckungsgleichheit von nationalen

---

[356] Vgl. Müller-Roschach, Herbert (1974); Seite 198.
[357] Wartenweiler, Roland (1980); Seite 525.
[358] Siehe dazu Punkt 2.1.4 .
[359] Kohl, Helmut; zitiert nach: Gaddum, Eckart (1994); Seite 65.
[360] Gaddum, Eckart (1994); Seite 66.
[361] Gaddum, Eckart (1994); Seite 66.
[362] Vgl. Gaddum, Eckart (1994); Seite 206.

und europäischen Interessen.[363] Trotz dieser ideellen Überlegungen machte die Bundesregierung ihre Bereitschaft zu höheren finanziellen Lasten in der EG davon abhängig, dass es vorher auf Gemeinschaftsebene zu Einsparungsmaßnahmen und Reformen in der Agrarpolitik kommen müsse. Zugleich brachte sie diese Punkte in Verbindung mit der Entwicklung neuer Politiken und der geplanten Süderweiterung um Spanien und Portugal.[364] Die christlich-liberale Koalition wollte die Krise der Union zu Beginn der 80er Jahre überwinden. Grund dafür war ein über die Jahre hinweg stärker gewachsenes politisches Gewicht; dies wollte Helmut Kohl nun einsetzen. Er verband seine Vorschläge gleichzeitig mit finanziellen Anreizen.[365] Schon auf dem Gipfel in Athen im Jahr 1983[366] versuchte der Bundeskanzler die materiellen Probleme[367] in einem Paket[368] zu vereinigen. Er schlug einen Zahlungsausgleich für Großbritannien vor, der eng mit einer Erhöhung der EM, der dazu nötigen Haushaltsdisziplin und der Einführung neuer Gemeinschaftspolitiken verbunden war. Nötig wurden auch grundlegende Reformen im Agrarbereich, denn mit der Süderweiterung der Gemeinschaft um Spanien und Portugal kamen zwei stark landwirtschaftlich geprägte Länder hinzu. Bei den Verhandlungen kristallisierte sich deutlich heraus, dass es Fortschritte nur gab, wenn es zum Ausgleich der divergierenden nationalen Interessen kommt. Auf dem Stuttgarter Gipfel im gleichen Jahr kam deswegen nur eine „Feierliche Deklaration zur Europäischen Union“ zustande. Die drängenden Reformvorhaben wurden wieder verschoben. Zur Lösung trug die Intensivierung der deutsch-französischen Beziehungen bei; in enger Abstimmung bereiteten beide Staaten den Gipfel von Fontainebleau im Jahr 1984 vor.

---

[363] Vgl. Gaddum, Eckart (1994); Seite 220.

[364] Vgl. Gaddum, Eckart (1994); Seite 66.

[365] Vgl. Janning, Josef; Piepenschneider, Melanie (1993); Seite 35.

[366] Deutschland hatte die Ratspräsidentschaft inne.

[367] Es ging v.a. um die Forderung Großbritanniens nach einer Rückführung seiner als zu hoch empfundenen Zahlungen an die Gemeinschaft.

[368] Package Deal.

Der Brüsseler Gipfel im Jahr 1988 konnte erst durch die Bemühungen Helmut Kohls erfolgreich abgeschlossen werden.[369] Durch intensive Verhandlungen gelang ein für alle Mitgliedstaaten akzeptabler Kompromiss. Entscheidend dabei war die Bereitschaft der Bundesregierung, finanzielle Einschränkungen zum Wohle der europäischen Einigung hinzunehmen. Deutschland übernahm mehr finanzielle Lasten und daraufhin waren die anderen Partner bereit, das politische Konzept Deutschlands zu akzeptieren.[370] Die Bundesrepublik setzte sich, zusammen mit Großbritannien, für die Vollendung des Binnenmarktes ein. Gleichzeitig wurden die Strukturpolitik ausgebaut und der Strukturfonds aufgestockt. Die ärmeren Länder, v.a. Portugal, Spanien, Griechenland und Irland, machten geltend, dass sie zur Verwirklichung des Binnenmarktes finanzielle Unterstützung benötigten. Die Mittel sollten ihnen einen Ausgleich zur Chancengleichheit ermöglichen.[371] Die exportlastige Industrie versprach sich davon mehr Wachstum und die Bundesregierung ein stärkeres Zusammenwachsen der Union. Auf diesem Gipfel wurde auch die EEA verabschiedet, die einen weiteren Schritt hin zu einer Politischen Union bilden sollte.[372] Dadurch wurde die Blockade innerhalb der Gemeinschaft gelöst und die innere Dynamik der Integration bekam wieder Schwung.[373]

In Deutschland wurde das Problem eines Nettozahlers schon in den 70er Jahren diskutiert. Zu einem ernsthaften Problem wurde dies erst zu Beginn der 90er Jahre.[374] Dies hing u.a. mit dem Vertrag von Maastricht und der Wiedervereinigung zusammen. Beides kostete Geld; Geld, das in Deutschland aufgrund einer beginnenden Rezession und einer damit einhergehend weiter steigenden Staatsverschuldung nicht mehr ausreichend zur Verfügung stand. Kredite konnten nicht mehr unbegrenzt aufgenommen werden, denn

---

[369] Deutschland hatte die Ratspräsidentschaft inne.
[370] Vgl. Janning, Josef; Piepenschneider, Melanie (1993); Seite 37 f. .
[371] Vgl. Brok, Elmar (1994); Seite 18.
[372] Siehe dazu Punkt 2.3.2 .
[373] Vgl. Janning, Josef; Piepenschneider, Melanie (1993); Seite 39.
[374] Vgl. Clostermayer, Claus-Peter (1997); Seite 141.

es galt, die „Maastricht-Kriterien“[375] zur Schaffung einer EWWU einzuhalten. Nicht vergessen werden sollte bei dieser ganzen Diskussion die Einbeziehung Ostdeutschlands in die Ziel-1-Förderung mit einem Betrag von 28 Mrd. DM von 1994 – 1999[376]. Diese Gebiete wurden damit den ärmsten Regionen der EU gleichgestellt.[377]

Auffallend ist, dass es unter deutscher Ratspräsidentschaft immer zu einer Einigung kam, die mit höheren Zahlungen „erkauft“ wurde; es gibt nicht umsonst den Begriff „présidence obglige“[378].

Durch die weltpolitischen Veränderungen der späten 80er Jahre drängen seit den 90er Jahren vermehrt die MOE-Länder in die Union. Deutschland ist ein Verfechter einer Ost-Erweiterung. Dies liegt zum einen an der Nachbarschaft zu den MOE-Ländern, zum anderen kann durch eine Aufnahme zur wirtschaftlichen und politischen Stabilisierung dieser Länder beigetragen werden; denn soziale Spannungen, Migrationsbewegungen und ein Ansteigen der Kriminalität träfen Deutschland als Erstes,[379] denn die Bundesrepublik grenzt mit den Neuen Bundesländern direkt an die MOE-Staaten an bzw. für die weiter entfernt liegenden östlichen Länder ist Deutschland der nächstliegende EU-Staat. Natürlich darf auch nicht verschwiegen werden, dass die Bundesrepublik wirtschaftlich von der Nachbarschaft zu den MOE-Staaten in größerem Maße profitiert, als die südlicheren Staaten.

---

[375] 3% Neuverschuldung, Schuldenstand höchstens 60% des BIP, Inflationsrate höchstens 1,5%-Punkte über dem Durchschnitt der drei stabilsten Länder, Teilnahme am EWS seit zwei Jahren ohne große Schwankungen, langfristige Zinsen höchstens 2%-Punkte über dem Durchschnitt der drei stabilsten Länder. (Art. 109 j, Protokoll über die Konvergenzkriterien (Maastricht-Vertrag))

[376] Vgl. Brok, Elmar (1994); Seite 24.

[377] Vgl. Brok, Elmar (1994); Seite 25.

[378] Biehl, Dieter (1988 b); Seite 67.

[379] Vgl. Woyke, Wichard (1998); Seite 314.

Abschließend sei gesagt, dass deutsche Außenpolitik v.a. Europapolitik war und ist und diese ist wiederum Teil der Deutschlandpolitik.[380] Dies führte dazu, dass Deutschland seine Belange und Zielvorstellungen im Rahmen des EG-Systems zur Geltung bringen konnte.[381] Gleichzeitig wurden Befürchtungen der anderen Mitgliedstaaten über eine zu starke Rolle Deutschlands in der EU durch eine enge Einbindung zerstreut.[382]

3.2.2 Die Interessen Großbritanniens an einer europäischen Integration

Großbritannien zählte, neben Dänemark und Irland, zu den ersten Mitgliedern, das der Gemeinschaft der sechs beitrat. Im Jahr 1973 trat Großbritannien bei, nachdem zuvor zwei Beitrittsgesuche am Widerstand Frankreichs scheiterten. Nach dem Beitritt erwies sich das Vereinigte Königreich als schwieriger Partner und dies hat sich bis heute nicht geändert. Großbritannien verknüpfte z.B. den Eintritt und später den Verbleib in die Gemeinschaft mit der Einrichtung eines Regionalfonds.[383] Daraus entstand im Jahr 1975 der „Europäische Fonds für Regionale Entwicklung" (EFRE). Britische Politiker erhofften sich durch einen Beitritt einen verstärkten Wettbewerbsdruck, der positive Kräfte freisetzen sollte. Konkret wurden vermehrte Fremdinvestitionen, wirtschaftliche Modernisierungsimpulse und eine Verbesserung internationaler Wettbewerbsfähigkeit erwartet.[384] Dies wäre aber nicht den entwicklungsbedürftigen Industriezweigen zugute gekommen; deswegen verfocht Großbritannien ganz entschieden eine gemeinsame Regionalpolitik und erhoffte sich so einen höheren Rückfluss, da der Inselstaat von der GAP kaum profitierte. Aufgrund der Ausgestaltung des Finanzsystems wurde der Inselstaat Nettozahler. Die Regierung hoffte von einer neu-

---

[380] Vgl. Kolboom, Ingo (1993); Seite 32.
[381] Vgl. Hrbek, Rudolf; Wessels, Wolfgang (1984); Seite 509.
[382] Vgl. Woyke, Wichard (1998); Seite 312.
[383] Vgl. Schwerdtfeger, Clemens (1992); Seite 33.
[384] Vgl. Bayer, Nikolaus (1993); Seite 309.

en Gemeinschaftspolitik, viel zu profitierten.[385] Die anfallenden Mehrausgaben sollten u.a. von Deutschland übernommen werden. Die deutsche Regierung stand diesem Ansinnen durchaus positiv gegenüber, da ein „einigungsfördernder Impuls“[386] dadurch erhofft wurde; Frankreich sollte sich aber auch an den Kosten beteiligen. Dazu war die französische Regierung nur bereit, wenn das Land bei der Festlegung der Förderkriterien angemessen berücksichtigt würde.[387] Frankreich wollte nahezu die Hälfte des EG-Territoriums einbeziehen, wogegen Deutschland protestierte. Die Folgen wären große Auszahlungen an Frankreich gewesen und Deutschland wäre als ständiger Nettozahler übrig geblieben.[388]

> *„Eine Regionalförderung sollte jenen Gebieten mit den größten Problemen vorbehalten bleiben; sie durfte nicht als Ausgleich für zu hoch empfundene nationale ‚EG-Beiträge‘ benutzt werden.“*[389]

Bereits in Art. 2 EWGV[390] waren regionalpolitische Zielsetzungen enthalten. Bis Anfang der 70er Jahre konnten in diesem Bereich praktisch kaum Fortschritte verzeichnet werden.[391] Erst auf der Gipfelkonferenz im Oktober 1972 in Paris forderte der deutsche Bundeskanzler Willy Brandt mit Nachdruck, dass die geplante Wirtschafts- und Währungsintegration nicht reiner Selbstzweck sein solle, sondern als wesentliches Mittel zur Verwirklichung einer sozialen Gemeinschaft angesehen werden sollte.[392] Die Belastungen, resultierend aus einer stärkeren und fortschreitenden Integration, sollten für rückständige Gebiete durch einen Regionalfonds gemildert werden.

---

385 Vgl. Bayer, Nikolaus (1993); Seite 309.
386 Bayer, Nikolaus (1993); Seite 309.
387 Vgl. Bayer, Nikolaus (1993); Seite 309.
388 Vgl. Bayer, Nikolaus (1993); Seite 309.
389 Bayer, Nikolaus (1993); Seite 310.
390 Genauer Wortlaut siehe Punkt 2.1.3 .
391 Vgl. Thomson, George (1974); Seite 37.
392 Vgl. Thomson, George (1974); Seite 37.

Die Forderung nach Errichtung eines Regionalfonds muss auch die Vereinbarungen des EM-B von 1970 mit in Betracht ziehen.[393] Bei Agrarimporten müssen die anfallenden Abschöpfungen an die Gemeinschaft abgeführt werden. Da Großbritannien Nettoimporteur bei Agrarerzeugnissen war, erreichten die Abschöpfungen einen großen Betrag und Großbritannien wäre nach dem Auslaufen der Beitrittsübergangsbestimmunungen der größte Nettozahler der Gemeinschaft geworden. Umgekehrt profitierte Großbritannien von den Ausgaben der EG nur unterdurchschnittlich, da ca. 70% der Ausgaben in den Agrarsektor flossen.[394]

> *„Demnach war der Europäische Fonds für Regionale Entwicklung (EFRE) der ‚Preis', den die Mitgliedstaaten auf Drängen Großbritanniens und Irlands für die ökonomischen Möglichkeiten eines sich erweiternden gemeinsamen Marktes zu zahlen hatten.“*[395]

Italien unterstützte ebenfalls die Errichtung von EFRE, da es auch mit erheblichen wirtschaftlichen Problemen zu kämpfen hatte.
Kurz nach dem britischen Beitritt verlangte die neugewählte Regierung Wilson Nachbesserungen des Beitrittsvertrages und führte unter der Bevölkerung ein Referendum bzgl. eines Verbleibs des Landes in der Gemeinschaft durch.[396] Die Einführung eines Regionalfonds machte die britische Regierung im Rahmen der „Neuverhandlungen“ zu einer Bedingung für ihren Verbleib in der EG.[397] Die neue britische Regierung bestand außerdem auf folgenden Änderungen:[398]

---

[393] Siehe dazu Punkt 2.1.4 .

[394] Vgl. Zeitel, Natascha (1998); Seite 45.

[395] Zeitel, Natascha (1998); Seite 45; vgl. dazu auch Schwerdtfeger, Clemens (1992); Seite 33.

[396] Ausführlicher dazu: Volle, Angelika (1989 b); Seite 22 – 27.

[397] Vgl. Bayer, Nikolaus (1993); Seite 313 f. .

[398] Vgl. Müller-Roschach, Herbert (1974); Seite 207; Volle, Angelika (1989 b); Seite 23f. .

- Billige Einfuhren von Nahrungsmitteln aus den Commonwealth-Ländern sollten wieder möglich sein.
- Die Interessen der Länder des Commonwealth und der Entwicklungsländer sollten stärkere Berücksichtigung finden.
- Die MwSt sollte nicht angeglichen werden. Jedes Land sollte die Höhe der Sätze selbst festlegen können.
- Die Finanzlasten sollten verteilt werden, d.h. eine Einigung auf eine neue Finanzierungsmethode mit dem Ziel, eines gerechteren britischen Beitrags zum EG-Budget sollte erreicht werden.
- Die britischen Souveränität sollte für die Bereiche Regional-, Industrie- und Haushaltspolitik nicht eingeschränkt werden.

Auch die sich verschlechternde wirtschaftliche Lage innerhalb der Gemeinschaft, v.a. die Vergrößerung des Wirtschaftsgefälles, machten eine Entscheidung unumgänglich. Es musste eine Lösung bzw. ein Kompromiss gefunden werden. Auf dem Gipfeltreffen in Paris (9./10. Dezember 1974) einigten sich die Staats- und Regierungschefs auf die Errichtung eines EG-Regionalfonds.[399] Im darauf folgenden Jahr sollte der Fonds seine Tätigkeit aufnehmen.

Schon damals beklagte sich Großbritannien über die seiner Meinung nach ungerechtfertigt hohen Nettozahlungen und verlangte Kompensation. Auf dem Gipfeltreffen des Europäischen Rates in Dublin am 10./11. März 1975 wurde ein Kompromiss bzgl. der britischen Forderungen erzielt. Der wichtigste Punkt war die Schaffung eines Korrekturmechanismus beim Gemeinschaftsbudget für die nächsten sieben Jahre.[400] Dies mündete in die Ad-hoc-Zahlungen ab dem Jahr 1980 und wurde schließlich zum sog. „Briten-Rabatt“ auf dem Gipfel von Fontainebleau im Jahr 1984 ausgebaut. Auch in vielen anderen Bereichen vertrat das Vereinigte Königreich eine andere

[399] Vgl. Bayer, Nikolaus (1993); Seite 314.

[400] Die von Großbritannien geforderte Abschaffung des Systems der Eigenmittel wurde nicht verwirklicht. (Vgl. Volle, Angelika (1989 b); Seite 24.)

Meinung und blieb außen vor.[401] Großbritannien war und ist für die anderen Mitgliedsländer ein schwieriger Partner; ihre Interessenlage und Motivation bzgl. der Gemeinschaft unterschieden sich von derjenigen Deutschlands.

Warum trat Großbritannien der Gemeinschaft erst im Jahr 1973 bei? Zu Beginn der 50er Jahre lehnte das Land den Schuman-Plan[402] ab. Begründung: es könne sich wegen der Existenz und Wichtigkeit britischer Beziehungen zum Commonwealth und den USA im Gegensatz zu Frankreich, Italien oder Deutschland nicht vollständig auf den Prozeß einer europäischen Integration einlassen.[403] Großbritannien sah sich als weltpolitische Macht, deren Einfluss in einer europäischen Gemeinschaft geschwächt werden würde. Die föderalistischen Bestrebungen des Schuman-Plans gingen den Briten zu weit. Doch im Laufe der Zeit sank die Bedeutung des Commonwealth als bedeutende Kraft und auch die USA legten zunehmend weniger Wert auf spezielle Beziehungen zum Königreich; zudem befand sich das Land in einer ständig andauernden Wirtschaftskrise. Die EG wurde durch die wirtschaftlichen Erfolge für die Briten zunehmend attraktiver; deshalb entschloss sich das Land nach 1960 einen Antrag auf Mitgliedschaft zu stellen. Aber sowohl im Jahr 1963, als auch im Jahr 1967 blockierte Frankreichs Staatspräsident de Gaulle die Aufnahme. De Gaulle hielt die Briten [404]

1) für wirtschaftlich nicht reif der EWG beizutreten;
2) für ein „Trojanisches Pferd"[405] der USA, die damit versuche Einfluss auf die europäische Politik zu nehmen;
3) für eine Gefährdung der französischen Führungsfunktion innerhalb der EWG.

---

[401] Z.B. die Opting-Out-Klausel zur Einführung des Euro.
[402] Er war der Vorläufer zur Errichtung der EGKS.
[403] Vgl. Morgan, Roger (1998); Seite 126 f. .
[404] Vgl. Woyke, Wichard (1998); Seite 346; Volle, Angelika (1989 b); Seite 15f. .
[405] Woyke, Wichard (1998); Seite 346.

Auch im Jahr 1967 begründete de Gaulle die Ablehnung des Beitrittsgesuchs mit der wirtschaftlichen Unreife des Landes.[406] Doch in Wirklichkeit spielten politische Gründe die Hauptrolle. Erst nach dem Ausscheiden de Gaulles aus dem Amt konnte Großbritannien beitreten. Der Nachfolger im Amt des französischen Staatspräsidenten, Georges Pompidou, stimmte dem britischen Beitritt zu. Der Grund war für ihn, dass „dem zunehmenden deutschen Übergewicht ein Gegengewicht entgegengestellt werden konnte“[407]. Trotzdem wollte Großbritannien auch weiterhin eine aktive Rolle außerhalb Europas spielen. Großbritannien forderte u.a. in den 70er Jahren die Erhaltung der Souveränität nationaler Regierungen und Parlamente sowie die Erweiterung der EG.[408] Letzteres v.a. um eine institutionell vertiefte Gemeinschaft zu verhindern bzw. zu behindern.[409]

Schon vor dem Beitritt Großbritanniens war die Finanzierung der Gemeinschaftspolitiken ein heißes Thema. Auch durch Neuverhandlungen unter Premierminister Harald Wilson wurde dieses Problem nicht gelöst. Um dem Vereinigten Königreich entgegenzukommen, wurde im Jahr 1975 der „Dubliner Finanzmechanismus“ beschlossen, der nie zur Anwendung kam. Nach dem Auslaufen der Übergangsfristen und Sonderregelungen des Beitrittsvertrags wäre Großbritannien zum größten Nettozahler, noch vor Deutschland, geworden. Dies wurde von den Briten mit Blick auf die wirtschaftliche Lage des Landes als ungerecht empfunden.

---

[406] Vgl. Woyke, Wichard (1998); Seite 346 f. ; Müller-Roschach, Herbert (1974); Seite 112 – 116.

[407] Woyke, Wichard (1998); Seite 347.

[408] Vgl. Volle, Angelika (1989 a); Seite 30.

[409] Vgl. Morgan, Roger (1998) Seite 128.; Volle, Angelika (1989 a); Seite 30.

Mit seinem BSP lag die Insel auf Platz sieben der OECD-Länder[410], hatte einen 5%-igen Anteil am Welthandel und aufgrund des Pro-Kopf-Einkommens belegte das Land Platz 24 in der Welt. Premier James Callaghan forderte deswegen die GAP zu ändern, die 70% des Gemeinschaftshaushalts beanspruchte und wovon Großbritannien aufgrund des effizienten Agrarsektors nur geringfügig profitierte.[411] Die Briten sahen die Ursache dieser Ungleichheit darin begründet, „daß nicht die allgemeine Finanzsituation Maßstab für die Zahlungen der EG an die Mitgliedsländer ist, sondern der *Anteil an der gemeinschaftlichen Politik* – sprich: der Agrarpolitik – als das stärkste Integrationselement“[412]. Das Vereinigte Königreich würde hingegen mehr aus den EG-Töpfen profitieren, wenn bspw. auch die Regionalpolitik weitestgehend integriert wäre. Der Premierminister trug diese Position mit großer Vehemenz vor, was die anderen Partner zu einer entgegengesetzten Meinung veranlasste, der Grund dafür war, dass die Regierung sich in anderen Fragen wenig kompromissbereit zeigte. Auch der Regierungswechsel im Jahr 1979 änderte daran wenig; Premierminsterin Margaret Thatcher vertrat ebenfalls rigoros nationale Interessen. Im Unterschied zu ihrem Vorgänger tat sie dies mit mehr Geschick, was den Partnern eine Ablehnung erschwerte.[413]

Großbritannien versuchte immer wieder, die Geschwindigkeit europäischer Politik zu bestimmen. Margaret Thatcher blockierte z.B. im Jahr 1982 die Festlegung der Agrarpreise, um eine längerfristige Regelung bzgl. ihrer Beitragszahlungen zu erreichen. Aber die Partner ignorierten dieses Veto und stimmten für eine Preiserhöhung.[414]

---

[410] Organization for Economic Cooperation and Development (Organisation für wirtschaftliche Zusammenarbeit und Entwicklung); gegründet 1961 als Nachfolgeorgansiation der OEEC (Organization for European Economic Cooperation; Organisation für europäische wirtschaftliche Zusammenarbeit, auch genannt Europäischer Wirtschaftsrat).

[411] Vgl. Volle, Angelika (1989 a); Seite 32.

[412] Kühlcke, Helgar; May, Bernhard (1986); Seite 12.

[413] Vgl. Volle, Angelika (1989 a); Seite 33.

[414] Vgl. Volle, Angelika (1989 a); Seite 34.

Großbritannien sah und sieht in der EG eine Wirtschaftsgemeinschaft, so wird die EU von ihr immer noch bezeichnet.[415]. Wichtig für Großbritannien war in erster Linie die Errichtung eines gemeinsamen Binnenmarktes.

> *„One of the reasons we went into Europe was to have a very much larger market for our goods."*[416]

Wirtschaftlich wollte das Land eine enge Bindung an den Kontinent, politisch wollte es souverän und eigenständig bleiben. Die Politik Großbritanniens lässt sich als ein Zurückhalten gegenüber einer politischen Integration und einem Entgegenkommen in Bezug auf eine ökonomische Integration und pragmatischer Integrationsansätze beschreiben.[417]

Aufgrund innenpolitischer Wirtschaftsprobleme forderte Frau Thatcher nach ihrer Wahl eine Drosselung britischer Beitragszahlungen zum EG-Haushalt. Auf dem Gipfel in Dublin im Jahr 1979 versuchte sie ihre Forderung zu verwirklichen. Doch die Positionen der Länder, v.a. Deutschlands und Frankreichs, verhärteten sich und es kam kein Ergebnis zustande.[418] Nach weiteren Verhandlungen im Jahr 1980, auf dem Ministerratstreffen in Brüssel, beugten sich schließlich die anderen Länder und es kam zu Ad-hoc-Zahlungen. Die Vereinbarungen wurden in einem Kompromiss-Papier fixiert, in dem Großbritannien der Festsetzung der Agrarpreise für die Jahre 1980/81 zustimmte und den anderen Ländern bei der gemeinsamen Fischereipolitik entgegenkommen musste.[419] Insgesamt war die Reduzierung der Beitragszahlungen für die britische Regierung das wichtigste Thema. Wolfgang Wagner sah darin jedoch weniger die zur Debatte stehende Summe als wichtig an, sondern „die generell skeptische Haltung der britischen Regierung gegenüber dem Projekt der europäischen Integration"[420]. Margaret

---

[415] Vgl. Volle, Angelika (1989 a); Seite 33. EEC = European Economic Community.

[416] Thatcher, Margaret; zitiert nach: Volle, Angelika (1992); Seite 343.

[417] Vgl. Woyke, Wichard (1998); Seite 345.

[418] Vgl. Volle, Angelika (1989 a); Seite 35.

[419] Vgl. Volle, Angelika (1989 a); Seite 35.

[420] Wagner, Wolfgang (1999); Seite 36.

Thatcher war nicht bereit, Entgegenkommen in anderen europäischen Bereichen zu zeigen. Sie verknüpfte jeden Schritt zu mehr Integration mit der Forderung einer Reduzierung des britischen Beitrags[421] und den Staats- und Regierungschefs gelang es nicht, dieses Junktim aufzubrechen.

> *„Ohne eine Lösung bei den britischen Beitragszahlungen war an politische Fortschritte nicht zu denken."*[422]

Erst im Jahr 1984 auf dem Gipfel in Fontainebleau kam eine für Großbritannien annehmbare Lösung zustande. Die Partnerländer wollten das Resultat als mittelfristig verstanden wissen, aber da der Ausgleichsmechanismus zugunsten des Vereinigten Königreichs im EM-B von 1985 verankert wurde und eine Änderung der Zustimmung aller Mitgliedstaaten (einschließlich Großbritannien!) benötigt, konnte von Dauerhaftigkeit ausgegangen werden.

> *„Daß die Lösung des britischen Problems an die eigenen Mittel gebunden sei, für die jeder Beschluß einstimmig ergehen müssen, sei eine Garantie für die Dauerhaftigkeit des Ssystems."*[423]

Im Gegenzug gab Großbritannien die Forderung nach einer tiefgreifenden GAP-Reform auf.[424] Nach der Lösung der Beitragsfrage war die britische Regierung bereit, konstruktiv beim europäischen Einigungsprozess mitzuwirken. Die Briten setzten allerdings andere Prioritäten als die Partner. Für den Inselstaat ging es vorrangig um den Ausbau der Europäischen Politischen Zusammenarbeit (EPZ)[425], die Schaffung eines einheitlichen Binnenmarktes[426] und eine Korrektur der GAP, während die anderen Länder der Schaffung einer Europäischen Politischen Union (EPU) den Vorrang einräumten.[427]

---

[421] Vgl. Volle, Angelika (1989 a); Seite 35 f. .
[422] Volle, Angelika (1989 a); Seite 36.
[423] Bulletin der EG 6-84; Seite 13.
[424] Vgl. Volle, Angelika (1989 a); Seite 36.
[425] Bezeichnung für die Außenpolitk der EG.
[426] Im Englischen „Common market".
[427] Vgl. Volle, Angelika (1989 a); Seite 37.

Im Jahr 1987 unterbreitete Kommissionspräsident Jacques Delors Vorschläge für eine EEA.[428] Deren Verabschiedung war Voraussetzung für die Umsetzung des Gemeinsamen Binnenmarktes; darüber hinaus hingen damit eine Reform der GAP, eine langfristige und solide Finanzierung, sowie eine Erhöhung der Strukturfondsmittel zusammen. Bzgl. des ersten Punktes (GAP-Reform) war Frau Thatcher sehr dafür, Deutschland und Frankreich leisteten Widerstand. Als Jacques Delors aber forderte, den Rabatt der Briten auf 50% zu beschränken, zog er sich den Zorn der Premierministerin zu. Auch die Erhöhung der Strukturfondsmittel stieß auf britischen Widerstand.

> *„Die britische Premierministerin, die immer wieder die Solidarität ihrer EG-Partner gefordert hatte, als es um ihre eigenen Forderungen ging [vgl. Fontainebleau; Anm. der Verfasserin], war nur zu einer Erhöhung der Strukturfonds um 50 Prozent bereit […].“*[429]

Erst mit der Unterzeichnung der EEA gelang es den Kontinentaleuropäern, die Briten auf eine politische Einheit zu verpflichten. Darunter wurde die allmähliche Aufgabe der nationalen Souveränität verstanden.[430]

Auf den Gipfeln im Jahr 1987 in Brüssel und Kopenhagen forderte die britische Regierung zuerst GAP-Reformen, ansonsten würde sie einer Erhöhung der Finanzmittel nicht zustimmen.[431] Es fanden sich keine Verbündeten (die Niederländer sprangen wieder ab) und Margaret Thatcher wäre im Jahr 1988 für das Scheitern des Gipfels verantwortlich gewesen, wenn sie weiterhin unnachgiebig geblieben wäre. Schließlich kam ein Kompromiss auf kleinstem gemeinsamen Nenner zustande; es erfolgte ein erster Einstieg in eine GAP-Reform.[432]

---

[428] Vgl. Volle, Angelika (1989 a); Seite 39.
[429] Volle, Angelika (1989 a); Seite 39.
[430] Vgl. Volle, Angelika (1989 b); Seite 1.
[431] Vgl. Volle, Angelika (1989 a); Seite 39 f. .
[432] Vgl. Volle, Angelika (1989 a); Seite 40.

Großbritanniens Politik nach dem Zweiten Weltkrieg zeichnete sich durch Zurückhaltung gegenüber einer politischen Integration aus; vielmehr waren eine ökonomische Integration und pragmatische Integrationsansätze erwünscht.[433] Die Haltung Großbritanniens ist durch einige Konstanten gekennzeichnet.[434]

- intergouvernementale Zusammenarbeit anstatt supranationaler Institutionen;
- pragmatische Politik statt visionärer Bekenntnisse;
- Vorzug von Dezentralisierung gegenüber Föderalismus[435];
- Vorherrschen nationaler Souveränität vor einer europäischen Verflechtung;
- Wirtschaftsvereinigung statt politischer Integration;
- Vorzug für eine Europäische Union auf intergouvernemantaler Basis gegenüber einer Europäischen Einheit;
- die Befürchtung, dass Großbritannien durch die EU-Mitgliedschaft zu einer europäischen Mittelmacht ohne Weltgeltung werde.

Integration wurde und wird von der britischen Regierung nur dann akzeptiert, wenn das Land dadurch Vorteile in den Bereichen Wohlstand, Lebensqualität und Sicherheit erreicht. Wenn es um andere Themen geht, würde an Stelle einer Integration eine Kooperation angestrebt werden. Eine Erweiterung der EU nach Osten wird als positiv betrachtet, da Hoffnung besteht, dass eine Entwicklung hin zu mehr Vertiefung dadurch verhindert werden kann.[436]

---

433 Vgl. Woyke, Wichard (1998); Seite 345.

434 Vgl. Volle; Angelika (1994); Seite 383 – 386.

435 Dies wird von den Briten als Zentralisierung auf europäischer Ebene gedeutet.

436 Vgl. Woyke, Wichard (1998); Seite 350 f. .

3.2.3 Die Interessen Frankreichs an einer europäischen Integration

Frankreich war neben Deutschland ein Gründungsmitglied von EGKS, EAG und EWG. Bereits vor dem Jahr 1945 existierten in diesem Land Pläne für eine europäische Nachkriegsarchitektur. Getragen waren sie zum einen von der Sorge, dass Großbritannien die Führerschaft übernehmen könnte und zum anderen musste für das besiegte Deutschland ein neuer Rahmen gefunden werden. Die Devise lautete:

> *„Schutz vor Deutschland durch Einbindung seines westlichen Teils in eine neue europäische Konstruktion.“*[437]

Um gegenüber der Sowjetunion und den USA eine wichtige Rolle spielen zu können, war es nach der Ansicht Frankreichs nötig, Europa zu einen.[438] Die ersten Pläne zu einer „EG“ stammten von den Franzosen Jean Monnet und Robert Schuman. Letzterer verfasste auf der Grundlage der Entwürfe von Monnet den sog. Schuman-Plan, der letztendlich in die EGKS mündete. Im Jahr 1948 verkündete Robert Schuman Deutschland gegenüber eine neue Politik: Versöhnung, Zusammenarbeit und Integration dieses Landes in die Völkergemeinschaft.[439] Der Plan war in allererster Linie von politischen Motiven getragen.

Die Grundgedanken des Schuman-Plans waren folgende:[440]

- Notwendigkeit deutsch-französischer Versöhnung und Zusammenarbeit in einem begrenzten Bereich; deswegen kam es zur Gründung der EGKS, die sich nur auf den Kohle- und Stahlsektor bezog;

[437] Kolboom, Ingo (1993); Seite 29.
[438] Vgl. Ménudier, Henri (1999) Seite 109.
[439] Vgl. Ménudier, Henri (1999); Seite 110; Müller-Roschach, Herbert (1974); Seite 16.
[440] Vgl. Ménudier, Henri (1999); Seite 110.

- eine Oberste Aufsichtsbehörde sollte beide Bereich kontrollieren;
- andere europäische Länder sollten zur Mitarbeit aufgerufen werden;
- die neu zu schaffende Organisation sollte den Grundstein zu einer Europäischen Föderation bilden, die unerlässlich zur Bewahrung des Friedens sei.
-

Mitte der 50er Jahre wurden zwei Maximen formuliert, die die Außenpolitik der IV. Republik bestimmten:[441]

1) Frankreich stellte sich im Ost-West-Konflikt auf die Seite des Westens. Damit wurde die Schutzmachtrolle der USA akzeptiert.
2) Es wurde die Notwendigkeit einer Überwindung der deutsch-französischen Feindschaft gesehen. Um dieses Vorhaben in die Tat umzusetzen, gab ein vereintes Westeuropa einen guten Rahmen ab. Frankreich wollte Deutschland durch die Aufgabe partieller Souveränität an den Westen binden. Dadurch wurde die Kontrolle von Frankreich über Deutschland erleichtert.

Letzteres war bereits mit der Errichtung der EGKS gelungen, wenn auch nur in einem Teilbereich, der Kohle- und Stahlindustrie.

Ein weiterer wichtiger Punkt war die Möglichkeit für Frankreich, sich mit Hilfe der EG zu modernisieren. Wichard Woyke vertritt in seinem Buch die Ansicht, dass die Gemeinschaft den Rahmen für die mit großen Schritten vorangetriebene Industrialisierung der Gesellschaft bilde. Außerdem meinte er, die Europa-Politik diene als Grundlage zur außenpolitischen und ökono-

[441] Vgl. Küsters, Hanns Jürgen (1982); Seite 45.

mischen Erneuerung Frankreichs.[442] Erst zu Beginn der V. Republik wurde Frankreich zu einem fähigen und funktionierenden Wirtschaftspartner.[443]

Frankreich sah Europa indes als eine Art Kompensation für den verloren gegangenen Platz in der Welt, der durch den Verlust der Kolonien begründet war. Anders als z.B. in Deutschland lassen sich die französischen Interessen bzgl. der Integration jeweils dem amtierenden Präsidenten zuordnen. Dieser ist für die Gestaltung der Außen- und damit auch der Europa-Politik maßgeblich zuständig.

Die Regierungen der IV. Republik legten den Grundstein bzw. die Grundsteine einer supranational angelegten Europa-Politik. Als Charles de Gaulle an die Macht kam[444], waren der EAGV und der EWGV schon unterzeichnet. Damit wurde gleichzeitig die Entwicklung Frankreichs vom Agrar- zum Industriestaat eingeleitet.

Charles de Gaulle war der erste Präsident der neuen V. Republik. Er war von 1959 bis 1969 an der Macht und hatte einen großen Anteil an der Gestaltung der EG. Der Präsident verfolgte neben europäischen Interessen auch eigene, d.h. nationale Belange, die die Partner oft nicht teilten. De Gaulles Konzept beinhaltete die Rückführung Frankreichs nach Europa. Die EG sollte als Plattform für eine neue Rolle Frankreichs in Europa dienen und dem Land über Europa in der Welt eine neue Position verschaffen. Frankreich wollte sich dadurch die Rolle einer Führungsmacht sichern und dies über zwei Ebenen erreichen: Erstens über die vorher angesprochene Modernisierung der Wirtschaft mit Hilfe der EWG und zweitens über die Politik als solche.[445] Dieses Vorhaben gab öfters Anlass zu Krisen.[446] Aber durch die Mit-

[442] Vgl. Woyke, Wichard (1987); Seite 23.

[443] Vgl. Kolboom, Ingo (1993); Seite 29.

[444] De Gaulle übernahm am 1. Juni 1958 die Macht nach dem Sturz der Regierung Pflimlin; Vgl. Müller-Roschach, Herbert (1974); Seite 51.

[445] Vgl. Kolboom, Ingo (1993); Seite 30.

[446] Vgl. „Politik des leeren Stuhls“ im Jahr 1965.

gliedschaft in EAG und EWG wurde eine realistische Möglichkeit gesehen, das wirtschaftlich geschwächte Land (Zweiter Weltkrieg, Indochina, Nordafrika) aus der Krise zu führen.[447]

Nur über die EWG bestand die Möglichkeit, die Überproduktion in neuen Märkten abzusetzen. Die wirtschaftlichen Verflechtungen der Sechs hatten sich in der Zwischenzeit so verdichtet, dass eine Möglichkeit zur Rücknahme der Verträge nicht mehr bestand. De Gaulle wusste auch, dass es Frankreich nur in Gemeinschaft mit den anderen Staaten möglich wäre, die gewünschte große Rolle in der weltpolitischen Arena zu spielen. Ein wichtiger Aspekt war auch, dass es de Gaulle durch eine Mitarbeit besser möglich war, den von ihm unerwünschten Prozess hin zu Supranationalität zu stoppen und seine intergouvernementalen Vorstellungen einzubringen.[448] Einerseits förderte der Staatspräsident die wirtschaftliche Integration (EWG) und focht die GAP durch[449], andererseits wollte er kein politisch integriertes Europa. Charles de Gaulle akzeptierte aus vier Gründen die drei Gemeinschaften: [450]

1) Er wollte das Vertrauen der anderen europäischen Partner gewinnen.
2) Die EWG brachte große ökonomische Vorteile für das wirtschaftlich geschwächte Land, v.a. im Bereich der GAP, die de Gaulle massiv unterstützte.
3) Nur in Kooperation mit den anderen westeuropäischen Staaten war es möglich, dass Frankreich die gewünschte weltpolitische Stellung ausführen konnte, nachdem die Macht- und Einflussmöglichkeiten durch den Verlust der Kolonien geschwunden waren.

[447] Vgl. Woyke, Wichard (1998); Seite 318.
[448] Vgl. Woyke, Wichard (1987); Seite 40.
[449] Vgl. Ménudier, Henri (1999); Seite 111.
[450] Vgl. Woyke, Wichard (1998); Seite 318.

4) De Gaulles Wunsch nach Verlangsamung und evtl. Blockierung der Entwicklungsprozesse der Gemeinschaften konnte nur durch eine französische Mitgliedschaft realisiert werden.[451]

Durch das Scheitern eines Agrarkompromisses im Jahr 1965 praktizierte de Gaulle die „Politik des leeren Stuhls". Erst der „Luxemburger Kompromiss" von 1966 löste diese Krise; er sah die Beibehaltung des Vetorechts bei Berührung vitaler nationaler Interessen und eine v.a. Frankreich zugute kommende verbesserte GAP-Finanzierung vor. Wie im vorangegangenen Punkt bereits erläutert, lehnte de Gaulle den Beitritt Großbritanniens zweimal ab, wodurch er sich „Feinde" machte. Die Gründe waren vorgeschobener wirtschaftlicher aber hintergründig politischer Natur und eine angestrebte Emanzipation gegenüber den USA; de Gaulle befürchtete die „Entstehung eines amerikanischen Europas"[452].

> *„Die Taktik de Gaulles hinterließ allerdings Spuren, hatte sie doch gezeigt, daß es mit starkem Druck, wenn nicht gar durch Erpressung der anderen Partner, möglich war, zu vorteilhaften Ergebnissen für die eigenen nationalen Interessen zu gelangen. Und sich einer an den biblischen Simson erinnernden Spruch zu bedienen: ‚Wenn ihr meinen Forderungen nicht nachkommt, breche ich die Säulen des EWG-Tempels - und ihr wißt, daß euch an seiner Existenz mehr liegt als mir!' Nach seinem EWG-Beitritt wird Großbritannien sich dieser Haltung zu erinnern wissen."*[453]

Bis zum Rücktritt de Gaulles verfocht Frankreich nationale Interessen und versuchte deren Durchsetzung. Augenfällig war dies v.a. in der GAP und der weiterhin bestehenden Ablehnung von Supranationalität.[454] Fazit seiner Präsidentschaft:

---

[451] Siehe Ablehnung der britischen Beitrittsgesuche in Punkt 3.2.2 .
[452] Grosser, Alfred (1989); Seite 236.
[453] Grosser, Alfred (1989); Seite 239.
[454] Vgl. Woyke, Wichard (1987); Seite 47.

„Da de Gaulles Politik andere Wege als die der fünf anderen Mitglieder der Gemeinschaft ging, konnte die Integration keine Fortschritte machen.“[455]

Sein Nachfolger Georges Pompidou war Präsident von 1969 – 1974. In seine Zeit fiel der erste EM von 1970, der die Gemeinschaft erstmalig mit eigenen Mitteln ausstattete. Als zweites fand in dieser Periode die erste Erweiterung der Gemeinschaft um Großbritannien, Dänemark und Irland statt. Durch die Erweiterung konnte die EG ein größeres Gewicht in der Weltpolitik erhalten und Deutschland mit Großbritannien ein Gegengewicht entgegengestellt werden.[456] Bevor es soweit war, musste vorher die GAP-Finanzierung geregelt werden, sonst hätte Pompidou einen Beitritt verzögert.[457] Insgesamt ging der zweite Präsident weniger auf Konfrontationskurs als sein Vorgänger, und die Beziehungen Frankreichs zu Europa stabilisierten und normalisierten sich. Nichtsdestoweniger verfocht auch Pompidou ein Europa souveräner Staaten und lehnte die Supranationalität ab.[458] Deswegen befürwortete er u.a. den Beitritt Großbritanniens, denn die Regierung der Insel war ebenfalls ein Anwalt intergouvernementaler Zusammenarbeit.

„Pompidou bekannte sich prinzipiell zur politischen europäischen Integration, wenngleich er eine ‚wirkliche Wirtschaftsgemeinschaft‘ favorisierte.“[459]

Für Georges Pompidou war Europa-Politik in erster Linie eine Chance die französische Wirtschaft zu reformieren, um damit die führende französischen Position in Europa wiederherzustellen. Vor diesem Hintergrund kann die französische Forderung nach Vertiefung gesehen werden; dies beinhaltete die endgültige Finanzregelung der GAP vor dem Jahr 1970. Somit würde sich die EWG auf einer neuen Entwicklungsstufe befinden. Da Frankreich stark landwirtschaftlich geprägt war, musste Pompidou auf die bäuerli-

---

455 Ménudier, Henri (1999); Seite 112.
456 Vgl. Woyke, Wichard (1998); Seite 347.
457 Vgl. Grosser, Alfred (1989); Seite 269.
458 Vgl. Woyke, Wichard (1998); Seite 320.
459 Woyke, Wichard (1987); Seite 65.

chen Wähler Rücksicht nehmen; deswegen sollte die GAP als Integrationselement bestehen bleiben. Die Landwirtschaftspolitik brachte Frankreich darüber hinaus den größten Nutzen verglichen mit den anderen Partnern.[460]

Den nächste Präsidenten Frankreichs, Valérie Giscard d`Estaing (1974 bis 1980), verband eine große Freundschaft mit dem deutschen Bundeskanzler Helmut Schmidt. Dies hatte einen stärkeren Einsatz um ein Bemühen zu weiterer europäischer Integration zur Folge. Aber auch Giscard war kein supranational ausgerichteter Europäer. In seine Zeit fiel die erste Direktwahl des Europäischen Parlaments durch die Bevölkerung und die Gründung des Europäischen Währungssystems (EWS). Die EG sollte auf der Weltbühne größere Eigenständigkeit erhalten. Giscard strebte eine Reduzierung des wirtschaftlichen Gefälles zwischen Frankreich und Deutschland an, um auf gleicher politischer Ebene zu sein; deswegen befürwortete Frankreich auch die Gründung der Strukturfonds.[461]

François Mitterand folgte von 1981 bis 1995 nach. Er kann als überzeugter Europäer bezeichnet werden. Dies wurde dadurch deutlich, dass er sich zu einer supranationalen Dimension der Gemeinschaft bekannte und forderte, noch mehr Politikbereiche in die Verträge einzubeziehen und sie folglich zu Gemeinschaftspolitiken werden zu lassen.[462] Er verfolgte, zusammen mit Helmut Kohl, die Vision einer Politischen Union. Dennoch war er zurückhaltender mit der Übertragung von Hoheitsrechten an Gemeinschaftsorgane. Er bemühte sich um weitere Integrationsfortschritte. François Mitterand und Helmut Kohl gelang es im Jahr 1984 in Fontainebleau die lähmende Finanzierungskrise der EG zu lösen. Das Ergebnis war der Briten-Rabatt.[463] In Mitterand wuchs die Überzeugung, dass nationale Interessen am erfolgreichsten durch europaweite Politiken (z.B. GAP) und einen Fortgang der Inte-

---

[460] Vgl. Woyke, Wichard (1987); Seite 66.

[461] Vgl. Woyke, Wichard; Seite 320.

[462] Vgl. Weidenfeld, Ernst (1997); Seite 295.

[463] Siehe dazu Punkt 2.2.1 .

gration durchgesetzt werden können.[464] Dies erklärt u.a. auch die Bewilligung der Briten-Rabatts.[465] Ähnlich wie zwischen Helmut Schmidt und Valérie Giscard d`Estaing, entwickelte sich eine Freundschaft zwischen François Mitterand und Helmut Kohl. Die früher als deutsch-französisches Tandem bezeichnete Politik der europäischen Integrationspolitik wurde zum „Motor" umbenannt.[466] So gelang die Durchsetzung der Ratsbeschlüsse auf den Gipfeln der Jahre 1983 und 1984. In die Regierungszeit Mitterands fiel die Erweiterung der Gemeinschaft um Griechenland, Portugal, Spanien, Finnland, Österreich und Schweden. Als Verstärker der deutsch-französischen Zusammenarbeit diente der Präsident der EG-Kommission, der Franzose Jacques Delors (1985 – 1994). Der Vertrag von Maastricht basierte auf der engen Zusammenarbeit bzw. dem „Motor" zwischen Bonn und Paris.[467]

Seit 1995 ist Jacques Chirac Präsident der französischen Republik. Mit ihm kam ein Moment der Unsicherheit und Unberechenbarkeit zurück. Er legt zwar Wert auf die Einbindung Frankreichs in die EU, dennoch betont er stark die nationalen Interessen seines Landes, was dazu führte, dass er die von Deutschland vorgeschlagenen Ko-Finanzierung der Agrarpolitik auf dem Gipfel von Berlin im Jahr 1999 ablehnte. Er engagiert sich z.B. für die Ost-Erweiterung, versucht aber gleichzeitig, dies durch eine aktive und EU-finanzierte Mittelmeerpolitik abzustützen.[468] Argwöhnisch wurde und wird der evtl. Machtzugewinn Deutschlands durch eine Ost-Erweiterung beurteilt, auch in wirtschaftlicher Hinsicht würde nach französischer Ansicht die deutsche Wirtschaft mehr profitieren als die einheimische. Dies liegt an der Nähe Deutschlands zu den MOE-Staaten. Einige Länder, wie Polen und Tschechien, grenzen mit ihrem Staatsgebiet direkt an die ostdeutschen Bundesländer an. Zu Zeiten des Kalten Krieges hatten diese Staaten enge wirtschaftli-

---

[464] Vgl. Woyke, Wichard (1998); Seite 321.
[465] Frankreich hatte zu diesem Zeitpunkt die Präsidentschaft inne.
[466] Vgl. Woyke, Wichard (1998); Seite 321.
[467] Vgl. Ménudier, Henri (1999); Seite 113.
[468] Vgl. Woyke, Wichard (1998); Seite 325.

che Beziehungen zur DDR, die noch heute fortwirken. Deutschland profitiert somit von diesen Verbindungen und kann seinen Absatzmarkt auf diese Staaten ausdehnen, was nach der Ansicht Chiracs für die Franzosen schwieriger ist, da sie sich auf den Mittelmeerraum konzentriert haben.

4. Fazit und Ausblick

> *„Probleme der Finanzierung der Tätigkeiten der Europäischen Gemeinschaften (EG) sind in den letzten Jahren zunehmend zu einem Engpaßfaktor für den Fortgang der politischen und wirtschaftlichen Integration in Europa geworden."*[469]

Obwohl dieses Zitat aus dem Anfang der 80er Jahre stammt, besitzt es auch in der heutigen Zeit einen hohen Grad an Aktualität. Das nachfolgende Zitat gibt ebenfalls einen Eindruck des Zustandes der Gemeinschaft wieder.

> *„Auf der einen Seite dient die europäische Integration als Ebene der (besseren) nationalen Interessendurchsetzung. Auf der anderen Seite steht die europäische Integration vor der Aufgabe, für die einzelnen beteiligten Staaten eine Politik anzubieten, die ihnen mehr Vorteile ermöglicht als die Verfolgung nur ihrer eigenen Interessen."*[470]

Die anfangs, mit der Gründung der EGKS, angestrebte Supranationalität wurde spätestens durch die Entstehung der EWG wieder relativiert. Die Finanzierung der Montanunion war auf Unabhängigkeit von den Nationalstaaten ausgerichtet. Ein engeres und stärkeres Zusammengehen der Mitgliedstaaten wurde angestrebt; Deutschland fiel der Souveränitätsverzicht relativ leicht. Es ging vorrangig um die Verhinderung eines weiteren Weltkriegs und den Wiederaufbau der Volkswirtschaften.

Den Gemeinschaften sollte mit dem EM-B von 1970 mehr Finanzautonomie eingeräumt werden. Die EG erhielt „eigene Mittel". Durch die Einrichtung einer gemeinsamen Agrar- und Handelspolitik sollten die Staaten näher zusammenrücken. Um dies zu finanzieren war die Gemeinschaft auf EM angewiesen. Doch die Ausgaben für die GAP konnten Ende der 80er Jahre nicht mehr durch die EM gedeckt werden, mehr Gelder wurden benötigt.

---

[469] Seebohm, Eckhard (1982); Seite 177.

[470] Piepenschneider, Melanie (1994); Seite 30.

Diesem Ansinnen stellte sich das im Jahr 1973 aufgenommene Mitglied Großbritannien entgegen. Für das Land kam eine Erhöhung erst nach einer befriedigenden Reduzierung der Nettozahlungen in Frage. Die Briten waren auch nicht bereit, die EG zu einer Union auszuweiten, denn dies wäre mit einem weiteren Souveränitätsverzicht einhergegangen. Die anderen Länder, v.a. Deutschland, mussten erst das Finanzproblem entschärfen, um mehr Integration zu erreichen. Dieses Vorhaben wurde mit der EEA in die Tat umgesetzt, die auch Großbritannien unterzeichnete und nach der ein neuer EM-B fällig wurde. Die nächste Etappe war der Vertrag von Maastricht mit dem Ziel der Errichtung einer WWU und einem nachfolgenden EM-B. Der bisher letzte Schritt wurde mit der Verabschiedung der AGENDA 2000 getätigt, die eine Erweiterung nach Osten ermöglichen soll.

Was auffällt ist die Tatsache, dass ein neuer Vertrag bis jetzt immer einherging mit der Verabschiedung eines neuen EM-B. Fortschritte auf dem Weg zur Integration konnten erst beschritten werden, wenn neue Gelder bereitgestellt wurden.[471] Die blockierenden Staaten stellten zuvor nationalstaatliche Forderungen (z.B. Beitragsreduzierung), die sie mit der Zustimmung zur Erhöhung der EM verbanden, die dringend benötigt wurden, um vorher beschlossene Programme und Fonds finanzieren zu können. Deswegen war es wichtig, die Europa-Konzeptionen dreier ausgewählter Mitgliedstaaten zu betrachten. Dabei wurde deutlich, für wen Europa und für wen der Nationalstaat an erster Stelle steht. Am Bsp. Deutschlands wurde ersichtlich, dass sich seine Position im Laufe der Jahre änderte; der Grund war v.a. seine wiedergewonnene Stärke und Einheit, die allerdings mit hohen Geldzahlungen verbunden war.

Fazit ist, dass sich die Finanzierung zu einem (oftmals willkommenen) Hemmschuh für die Entwicklung der EU hin zu mehr Integration entwickelt hat. Integration wurde erst möglich, wenn nationalstaatliche Interessen befriedigt waren, z.B. Gelder für den Struktur- und Kohäsionsfonds zur Verfü-

[471] Vgl. dazu Punkt 2.2.1 .

gung standen. Die Finanzierung an sich leistete keinen Beitrag zu einem Mehr an Integration, im Gegenteil. Um aus diesem Dilemma herauszukommen, müsste der Union eine echte Finanzautonomie mit echten eigenen Einnahmen zugestanden werden. Doch die Verhandlungen über die AGENDA 2000 lassen diese Vorstellung in weite Ferne rücken.

Die EU-Finanzierung müsste dringend reformiert werden, angesichts der Tatsache, dass die neuen Beitrittsländer wirtschaftlich um ein Vielfaches schlechter dastehen als z.B. Portugal, das zur Zeit ärmste Land der EU. Deswegen ist fraglich, ob die EU zum jetzigen Zeitpunkt aufnahmefähig ist.

> *„Die Finanzen der EU und die europäische Integration sind sowohl aus ökonomischen als auch aus politischen Gründen unauflöslich miteinander verbunden."*[472]

Besonders Deutschland gehört zu den großen Befürwortern der Ost-Erweiterung der EU. Dies liegt zum einen daran, dass dieses Vorhaben ein Teil der friedenssichernden deutschen Außenpolitik ist und zum anderen die Bundesrepublik damit die Hoffnung eines wirtschaftlichen Aufschwungs diesseits und jenseits der ostdeutschen Grenzen verbindet.[473] Doch diese Interessenlage muss nicht automatisch deckungsgleich mit den Zielen der EU sein.

Es ist geplant, die Erweiterung um neue Länder zum bisherigen Status quo aufzunehmen, d.h. alle Politiken, auch die GAP sollten bei Beitritten so weitergeführt werden wie bisher, ohne Abstriche für die bisher davon profitierenden Länder. Da die Beitrittskandidaten mit ihrem BSP unter dem des schwächsten Gliedes der Gemeinschaft liegen, benötigen sie z.B. viel Geld aus dem Strukturfonds, um das Wohlstandsgefälle zu verringern.[474] Da bei den Beitrittskandidaten ein riesiger Nachholbedarf besteht, ist es schwer vorstellbar, die Politiken nach heutigen Grundsätzen weiterzuführen. Dies wür-

---

[472] Kraff, Manfred (1999); Seite 3.

[473] Vgl. Sturm, Roland (1999); Seite 17; Brok, Elmar (1998); Seite 192.

de innerhalb kürzester Zeit den Finanzrahmen sprengen und die Höhe der EM müssten enorm aufgestockt werden.[475] Doch die scheint unwahrscheinlich, wenn die Verhandlungen zu diesem Thema in den letzten Jahren betrachtet werden, v.a. die Nutznießer der GAP und der Strukturfonds leisten Widerstand, sie versuchen die Ost-Erweiterung zu verzögern.

Die Mittel zur Vorbereitung auf den Beitritt, u.a. PHARE, müssten nach einem Beitritt der MOE-Staaten sofort eingestellt werden, denn durch den Beitritt zur Union hat der Fonds seine Aufgabe erfüllt. Dies sollte aber schriftlich festgelegt werden, denn sonst besteht die Gefahr, dass es so endet, wie mit dem Kohäsionsfonds, aus dem immer noch Länder profitieren, die der WWU schon beigetreten sind.

Die Dringlichkeit einer Erweiterung wird nicht von allen Mitgliedsländern geteilt. Da die Kandidaten mit ihren Gebieten an den Osten Deutschlands angrenzen, hat die Bundesregierung ein großes Interesse an der Erweiterung. Die Südländer hingegen finden dies nicht so erstrebenswert, besteht doch die Gefahr, die bestehenden Fonds mit den Neuen teilen zu müssen, falls die Höhe nicht aufgestockt wird. Durch eine erste Beitrittswelle von sechs Staaten (Ungarn, Polen Tschechien, Slowenien, Estland, Zypern) würde die Bevölkerung der Union um 63 Mio., dies entspräche knapp 20%, Menschen wachsen und das BSP um 3% ansteigen.[476] Die zehn MOE-Beitrittskandidaten haben ein durchschnittliches Pro-Kopf-Einkommen von 32% des EU-Durchschnitts.[477] Als weiteres Problem kommen die Preise für Agrarprodukte hinzu, die in den östlichen Ländern weit unterhalb von denjenigen innerhalb der EU-Grenzen liegen. Der nächste Punkt ist der hohe Anteil der Beschäftigten im Agrarsektor. In der EU sind ca. 4% der Beschäftigten in der Landwirtschaft tätig, in MOE beträgt der Anteil 22%.[478]

---

[474] Siehe dazu Tabelle A5 im Anhang.
[475] Vgl. Kreile, Michael (1999); Seite 803 und 814.
[476] Vgl. Spiegel-Online (1998).
[477] Vgl. Kühnhardt, Ludger (1999); Seite 112.
[478] Vgl. Spiegel-Online (1998).

Dies bedeutet, dass eine Übertragung der bestehenden Modalitäten schlicht unmöglich ist. Die Preise für landwirtschaftliche Produkte liegen in den Beitrittsländern unterhalb des EU-Niveaus. Wenn sich nun die EU-Preispolitik auch auf diese Länder erstrecken soll, dann müssten die Menschen mit gestiegenen Preisen rechnen, was zur Folge hätte, dass die Produzenten die Produktion ausweiten und die Konsumenten die Nachfrage zurückfahren würden. Letzteres liegt hauptsächlich daran, dass die Einkommen um ein Vielfaches unter dem der EU-Länder liegen.

Ein weiteres Problem betrifft die Entscheidungsfähigkeit der Gemeinschaft. Die in einigen Bereichen nötige Einstimmigkeit wird noch schwerer durchsetzbar sein. Schon als die EG nur sechs Mitglieder zählte waren manche Dinge nicht durchsetzbar. Wie soll es erst in einer EU der vielleicht 28 Staaten funktionieren? Der gemeinsame Nenner für anstehende Reformen wird immer kleiner und wegweisende Beschlüsse dürften kaum mehr zustande kommen. Falls sich die Gemeinschaft nicht vor den anstehenden Erweiterungen reformiert, besteht danach kaum noch eine Chance dazu. Wer will schon liebgewonnene Privilegien und Gelder einfach aufgeben zugunsten einer bspw. von Deutschland angedachten Politischen Union. Großbritannien dürfte es ganz recht sein, wenn die Gemeinschaft größer wird, denn dann sinkt die Chance auf Verwirklichung diese Projekts, welches von der britischen Regierung sowieso nie favorisiert wurde. Für das Vereinigte Königreich ist die EU in erster Linie eine Wirtschaftsgemeinschaft. Auch Frankreich ist nicht besonders von einem europäischen Bundesstaat angetan, es begrüßt sogar die Erweiterung, allerdings nur, wenn die Gelder für ihre Anliegen (v.a. GAP) nicht gekürzt werden.

„Allein das Europa der Integration ist zukunftsfähig.“[479]

Diesem Ausspruch des deutschen Außenministers ist zuzustimmen. Dies bedeutet auch, dass die EU nur durch ein stärkeres Zusammengehen der Staa-

---

[479] Fischer Joschka; zitiert nach: o.V. (1999 a); Seite 8.

ten eine Chance hat, in der Zukunft weiter zu existieren und ihre Machtposition in der Welt auszubauen. Gleichzeitig bedeutet dies auch ein Mehr an Souveränitätsverzicht.

> *„Der Integrationsprozeß kann in Hinblick auf die Finanzierung der EG als eine schrittweise Bereitschaft der Mitgliedsländer zur Aufgabe nationaler Souveränitäten gesehen werden.“*[480]

[480] Henke, Klaus-Dirk (1981); Seite 25.

Anhangsverzeichnis

Tabelle A 1: Die Finanzielle Vorausschau von 1988 bis 1992; (Mio. ECU – Preise)

	1988	1989	1990	1991	1992
Mittel für Verpflichtungen					
1. EAFGL- Garantie	27500	27700	28400	29000	29600
2. Strukturmaßnahmen	7790	9200	10600	12100	13450
3. Politikbereiche mit mehrjähriger Mittelausstattung	1210	1650	1900	2150	2400
4. Sonstige Politikbereiche	2103	2385	2500	2700	2800
davon: nichtobligatorische Ausgaben	1646	1801	1860	1910	1970
5. Erstattungen und Verwaltung	5700	4950	4500	4000	3550
davon: Wertberichtigung und Lagerbestände	1240	1400	1400	1400	1400
6. Währungsreserve	1000	1000	1000	1000	1000
Insgesamt	45303	46885	48900	50950	52800
davon:					
obligatorische Ausgaben	33698	32607	32810	32980	33400
nichtobligatorische Ausgaben	11605	14278	16090	17970	19400
Mittel für Zahlungen					
Erforderliche Mittel für Zahlungen	43779	45300	46900	48600	50100
davon:					
obligatorische Ausgaben	33640	32604	32740	32910	33110
nichtobligatorische Ausgaben	10139	12696	14160	15690	16690
Erforderliche Mittel für Zahlungen im Verhältnis zum BSP (in %)	1,12	1,14	1,15	1,16	1,17
Eigenmittelobergrenze im Verhältnis zum BSP (in %)	1,15	1,17	1,18	1,19	1,20

Quelle: Europäische Kommission (1998); Seite 52.

Tabelle A 2: Die Finanzielle Vorausschau von 1993 bis 1999; Mittel für Verpflichtungen (Mio. ECU – Preise 1992)

	1993	1994	1995	1996	1997	1998	1999
1. Agrarleitlinie	35230	35095	35722	36364	37023	37697	38389
2. Strukturpolitische Maßnahmen	21277	21885	23480	24990	26526	28240	30000
- Kohäsionsfonds	1500	1750	2000	2250	2500	2550	2600
- Strukturfonds und andere Strukturmaßnahmen	19777	20135	21480	22740	24026	25690	27400
3. Interne Politikbereiche	3940	4084	4323	4520	4710	4910	5100
4. Externe Politikbereiche	3950	4000	4280	4560	4830	5180	5600
5. Verwaltungsausgaben	3280	3380	3580	3690	3800	3850	3900
6. Reserven	1500	1500	1100	1100	1100	1100	1100
- Währungsreserven	1000	1000	500	500	500	500	500
- Externe Politikbereiche							
= Soforthilfe	200	200	300	300	300	300	300
= Kreditgarantien	300	300	300	300	300	300	300
Mittel für Verpflichtungen insgesamt	69177	69944	72485	75224	77989	80977	84089
Erforderliche Mittel für Zahlungen	65908	67063	69150	71290	74491	77249	80114
Mittel für Zahlungen (% BSP)	1,20	1,19	1,20	1,21	1,23	1,25	1,26
Spielraum für unvorhergesehene Ausgaben (% BSP)		0,01	0,01	0,01	0,01	0,01	0,01
Eigenmittel-Obergrenze (% BSP)	1,20	1,20	1,21	1,22	1,24	1,26	1,27

Es wurde eine Inflationsrate von 4,3% zu Grunde gelegt.

Quelle: Amtsblatt der Europäischen Gemeinschaften (1993); C 331 vom 7. Dezember; Seite 6.

Tabelle A 3: Die Finanzielle Vorausschau für die EU der 15 von 2000 bis 2006

Mio. Euro-Preise 1999 – Mittel für Verpflichtungen	**2000**	**2001**	**2002**	**2003**	**2004**	**2005**	**2006**
1. Landwirtschaft	40920	42800	43900	43770	42760	41930	41660
GAP-Ausgaben (außer Entwicklung des ländlichen Raums)	36620	38480	39570	39430	38410	37570	37290
Entwicklung des ländlichen Raums und flankierende Maßnahmen	4300	4320	4330	4340	4350	4360	4370
2. Strukturpolitische Massnahmen	32045	31455	30865	30285	29595	29595	29170
Strukturfonds	29430	28840	28250	27670	27080	27080	26660
Kohäsionsfonds	2615	2615	2615	2615	2515	2515	2510
3. Interne Politikbereiche	5900	5950	6000	6050	6100	6150	6200
4. Externe Politikbereiche	4550	4560	4570	4580	4590	4600	4610
5. Verwaltung	4560	4600	4700	4800	4900	5000	5100
6. Reserven	900	900	650	400	400	400	400
Währungsreserve	500	500	250	0	0	0	0
Reserve für Soforthilfen	200	200	200	200	200	200	200
Reserve für Garantien	200	200	200	200	200	200	200
7. Hilfe zur Vorbereitung auf den Beitritt	3120	3120	3120	3120	3120	3120	3120
Landwirtschaft	520	520	520	520	520	520	520
Strukturpolitsches Instrument zur Vorbereitung auf den Beitritt	1040	1040	1040	1040	1040	1040	1040
PHARE (Bewerberländer)	1560	1560	1560	1560	1560	1560	1560
Gesamtbetrag der Mittel für Verpflichtungen	91995	93385	93805	93005	91465	90795	90260
Gesamtbetrag der Mittel für Zahlungen	89590	91070	94130	94740	91720	89910	89310
Mittel für Zahlung in % des BSP	1,13%	1,12%	1,13%	1,11%	1,05%	1,00%	0,97%
Beitrittsbetrag (Mittel für Zahlungen)			4140	6710	8890	11440	14220
Landwirtschaft			1600	2030	2450	2930	3400
Sonstige Ausgaben			2540	4680	6640	8510	10820
Obergrenze der Mittel für Zahlungen	89590	91070	98270	101450	100610	101350	103530
Obergrenze der Mittel für Zahlungen in % des BSP	1,13%	1,12%	1,18%	1,19%	1,15%	1,13%	1,13%
Spielraum für unvorhergesehene Ausgaben	0,14%	0,15%	0,09%	0,08%	0,12%	0,14%	0,14%
Eigenmittelobergrenze	1,27%	1,27%	1,27%	1,27%	1,27%	1,27%	1,27%

Quelle: Schlußfolgerungen des Vorsitzes (1999); Seite 26.

Tabelle A 4: Die Finanzielle Vorausschau für die EU der 21 von 2000 bis 2006

Mio. Euro-Preise 1999 – Mittel für Verpflichtungen	**2000**	**2001**	**2002**	**2003**	**2004**	**2005**	**2006**
1. Landwirtschaft	40920	42800	43900	43770	42760	41930	41660
GAP-Ausgaben (außer Entwicklung des ländlichen Raums)	36620	38480	39570	39430	38410	37570	37290
Entwicklung des ländlichen Raums und flankierende Maßnahmen	4300	4320	4330	4340	4350	4360	4370
2. Strukturpolitische Massnahmen	32045	31455	30865	30285	29595	29595	29170
Strukturfonds	29430	28840	28250	27670	27080	27080	26660
Kohäsionsfonds	2615	2615	2615	2615	2515	2515	2510
3. Interne Politikbereiche	5900	5950	6000	6050	6100	6150	6200
4. Externe Politikbereiche	4550	4560	4570	4580	4590	4600	4610
5. Verwaltung	4560	4600	4700	4800	4900	5000	5100
6. Reserven	900	900	650	400	400	400	400
Währungsreserve	500	500	250	0	0	0	0
Reserve für Soforthilfen	200	200	200	200	200	200	200
Reserve für Garantien	200	200	200	200	200	200	200
7. Hilfe zur Vorbereitung auf den Beitritt	3120	3120	3120	3120	3120	3120	3120
Landwirtschaft	520	520	520	520	520	520	520
Strukturpolitsches Instrument zur Vorbereitung auf den Beitritt	1040	1040	1040	1040	1040	1040	1040
PHARE (Bewerberländer)	1560	1560	1560	1560	1560	1560	1560
8. Erweiterung			6450	9030	11610	14200	16780
Landwirtschaft			1600	2030	2450	2930	3400
Strukturpolitische Maßnahmen			3750	5830	7920	10000	12080
Interne Politikbereiche			730	760	790	820	850
Verwaltung			370	410	450	450	450
Gesamtbetrag der Mittel für Verpflichtungen	91995	93385	100255	102035	103075	104995	107040
Gesamtbetrag der Mittel für Zahlungen	89590	91070	98270	101450	100610	101350	103530
davon: Erweiterung			*4140*	6710	*8890*	*11440*	*14210*
Mittel für Zahlungen in % des BSP	1,13%	1,12%	1,14%	1,15%0	1,11%	1,09%	1,09%
Spielraum für unvorhergesehene Ausgaben	0,14%	0,15%	0,13%	0,12%	0,16%	0,18%	0,18%
Eigenmittelobergrenze	1,27%	1,27%	1,27%	1,27%	1,27%	1,27%	1,27%

Quelle: Schlußfolgerungen des Vorsitzes (1999); Seite 27.

Tabelle A 5: Pro-Kopf-BIP Vergleich der MOE (in % zum EU-Durchschnitt) zur EU (in BSP)[481]

	MOE-Länder
Slowenien	59
Tschechien	55
Zypern	52
Slowakei	41
Ungarn	37
Polen	31
Bulgarien	24
Litauen	24
Estland	23
Rumänien	23
Lettland	18

	EU-15
Belgien	112,8
Dänemark	137,4
Deutschland	118,6
Griechenland	53,3
Spanien	62,6
Frankreich	109,9
Irland	79,9
Italien	92,2
Luxemburg	186,4
Niederlande	108,1
Österreich	118,8
Portugal	46,7
Finnland	104,9
Schweden	114,2
Vereinigtes Königreich	101,8

Quelle: Europäisches Parlament; zitiert nach: Thiel, Elke (1999); Seite 127; Bulletin der EU (1998 c); Seite 127.

[481] Die Werte des BIP und BSP unterscheiden sich nur minimal voneinander. Ein Vergleich bleibt aussagekräftig. Bei der EU beziehe ich mich auf Zahlen des Jahres 1997; das Pro-Kopf-BSP wird zu den jeweiligen Marktpreisen in ECU angegeben.

Literaturverzeichnis

Amtsblatt der Europäischen Gemeinschaften (1970); Nr. L 94 vom 28. April; Seite 19.

Amtsblatt der Europäischen Gemeinschaften (1985); Nr. L 128 vom 14. Mai; Seite 15.

Amtsblatt der Europäischen Gemeinschaften (1988); Nr. L 185 vom 15. Juli; Seite 24.

Amtsblatt der Europäischen Gemeinschaften (1993); Nr. C 331 vom 7. Dezember; Seite 1.

Amtsblatt der Europäischen Gemeinschaften (1994); Nr. L 293 vom 12. November; Seite 9.

Amtsblatt der Europäischen Gemeinschaften (1998 a); Nr. C 241 vom 31. Juli; Sonderbericht 6/98 über die Bilanz des Systems der MwSt und BSP-Eigenmittel zusammen mit den Antworten der Kommission; Seite 58.

Amtsblatt der Europäischen Gemeinschaften (1998 b); Nr. C 349 vom 17. November; Seite 16, Nr. 1.28.

Außenpolitik der Bundesrepublik Deutschland (1995); Dokumente von 1949 bis 1994, herausgegeben aus Anlaß des 125. Jubiläums des Auswärtigen Amtes; Auswärtiges Amt (Hrsg.), Referat für Öffentlichkeitsarbeit, verantwortlich: Bettzuege, Reinhard; Köln.

Bardong, Otto (1999); Die Einnahmen für den EU-Gesamthaushalt, EGKS-Haushalt und Europäischer Entwicklungsfonds; in: Der Haushalt der Europäischen Union; EVP-Fraktion des Europäischen Parlaments, CDU/CSU-Gruppe im Europäischen Parlament (Hrsg.), (= Schriftenreihe 1/99); Bonn, Brüssel; Seite 34 – 48.

Baron Snoy et d`Oppures; Jean Charles (1965); Des traites de Rome à l`Europe Politique; in: Hallstein, Walter; Schlochauer, Hans-Jürgen (Hrsg.); Zur Integration Europas: Festschrift für Carl Friedrich Ophüls aus Anlass seines 70. Geburtstages; Karlsruhe; Seite 193 – 207.

Bayer, Nikolaus (1993); Die Reform der gemeinsamen Agrarpolitik und der langfristige Ausbau der EG zu einer Wirtschafts- und Währungsunion:

Blockierte Integration bis zu den Gipfeltreffen von Fontainebleau und Dublin 1984; (= Hochschulsammlung Philosophie, Politikwissenschaft; Bd. 8); Teil 2 und 3; Freiburg.
Bericht der Arbeitsgruppe der EU-Referenten der Länderfinanzressorts an die Finanzministerkonferenz (1997); Finanzbeziehungen der Bundesrepublik Deutschland zur Europäischen Union – Analyse und Lösungsvorschlag, 1. Teil; (= vervielfältigtes Typoskript); o.O. .
Biehl, Dieter (1987); Umrisse einer EG-Finanzverfassung aus föderalistischer Perspektive; in: Mestmäcker, Ernst-Joachim; Möller, Hans; Schwarz, Hans-Peter; Eine Ordnungspolitik für Europa: Festschrift für Hans von der Groeben zu seinem 80. Geburtstag; Baden-Baden; Seite 51 – 67.
Biehl, Dieter (1988 a); Die Reform der EG-Finanzverfassung aus der Sicht einer ökonomischen Theorie des Föderalismus; in: Streit, Manfred (Hrsg.); Wirtschaftspolitik zwischen ökonomischer und politischer Rationalität: Festschrift für Herbert Giersch; Wiesbaden; Seite 63 – 84.
Biehl, Dieter (1988 b); Ein substantielles, aber begrenztes Reformpaket – Zum Brüsseler Reformgipfel; in: Integration, 11. Jahrgang, Nr. 2, Beilage zur Europäischen Zeitung Nr. 4; Seite 64 – 74.
Biehl, Dieter; Winter, Horst (1990); Europa finanzieren – ein föderalistisches Modell; (= Strategien und Optionen für die Zukunft Europas; Grundlagen 4); Gütersloh.
Biehl, Dieter (1996); Braucht die Europäische Union eine eigene Steuerhoheit?: Ein Plädoyer für eine Reform der Finanzverfassung der Gemeinschaft; in: Hanns-Seidel-Stiftung e.V., Akademie für Politik und Zeitgeschehen; Die zukünftige Ausgestaltung der Regionalpolitik in der EU; Gick, Wolfgang (Hrsg.); (= Berichte und Studien, Reihe Wirtschaftspolitik; Bd. 71); München; Seite 29 – 54.
Bonse, Eric (1999); „EU-Finanzierung darf nicht zu Lasten Frankreichs gehen"; in: Deutsche Bundesbank, Auszüge aus Presseartikel, Nr. 5 vom 22. Januar; Seite 10.
Brok, Elmar (1994); Der Zahlmeister ist tot – es lebe der Nutznießer!; in: Borchert, Jochen; Brok, Elmar; Piepenschneider, Melanie; Europäische Inte-

gration als deutsches Interesse; (= Aktuelle Fragen der Politik; Heft 10); Konrad-Adenauer-Stiftung (Hrsg.); St. Augustin; Seite 15 – 29.

Brok, Elmar (1997); Alle Jahre wieder: die Geschichte vom Nettozahler; in: Brok, Elmar; Memminger, Gerhard; Pfennig, Gero; Rinsche, Günter; Seiters, Rudolf; Stark, Jürgen; Das Finanzsystem der EU: Neue Ansätze und Perspektiven; Konrad-Adenauer-Stiftung (Hrsg.); (= Interne Studien, Bereich Forschung und Beratung; Nr. 142); St. Augustin; Seite 63 – 72.

Brok, Elmar (1998); Was bleibt zu tun? Institutionelle Voraussetzungen einer Erweiterung; in: Wiehler, Frank (Hrsg.); Die Erweiterung der Europäischen Union – Eine Herausforderung – Textsammlung „AGENDA 2000"; (=Schriftenreihe Europäisches Recht, Politik und Wirtschaft; Bd. 208; Schwarze, Jürgen (Hrsg.)); Baden-Baden; Seite 191 – 204.

Bünder, Helmut (1999 a); Leise räumt die Bundesregierung ihre Positionen; in: Frankfurter Allgemeine Zeitung vom 24. März, Nr. 70; Seite 14.

Bünder, Helmut (1999 b); Vorstellungen von der Agrarpolitik; in: Frankfurter Allgemeine Zeitung vom 26. März, Nr. 72; Seite 7.

Bünder, Helmut (1999 c); Das strahlende Lächeln des britischen Premierministers; in: Frankfurter Allgemeine Zeitung vom 27. März, Nr. 73; Seite 3.

Bulletin der Europäischen Gemeinschaften (1970); Nr. 1; Seite 20 – 24.

Bulletin der Europäischen Gemeinschaften (1984); Europäischer Rat von Fontainebleau; in: Bulletin der Europäischen Gemeinschaften, Nr. 6; Seite 7 – 14.

Bulletin der Europäischen Gemeinschaften (1987); Die Einheitliche Akte muß ein Erfolg werden: Eine neue Perspektive für Europa; in: Beilage Nr. 1/87.

Bulletin der Europäischen Gemeinschaften (1992); Von der Einheitlichen Akte zu der Zeit nach Maastricht: Ausreichende Mittel für unsere ehrgeizigen Ziele; in: Beilage 1/92.

Bulletin der Europäischen Union (1997); AGENDA 2000 – Eine stärkere und erweiterte Union; in: Beilage 5/97.

Bulletin der Europäischen Union (1998 a); Schlußfolgerungen des Vorsitzes; in: Bulletin der Europäischen Union, Nr. 6; Seite 13 f., Nr. 1.16.

Bulletin der Europäischen Union (1998 b); Agenda 2000; in: Bulletin der Europäischen Union, Nr. 10; Seite 7f., Nr. 1.1.

Bulletin der Europäischen Union (1998 c); AGENDA 2000: Die Finanzierung der Europäischen Union, Bericht der Kommission über das Funktionieren des Eigenmittelsystems; in: Beilage 2/98.

Bulletin der Europäischen Union (1999); Agenda 2000; in: Bulletin der Europäischen Union, Nr. 3; Seite 24 ff., Nr. II.

Bulletin des Presse- und Informationsamtes der Bundesregierung (Hrsg.) (1999); Erklärung der Bundesregierung zum Stand der Agenda 2000 nach dem Rücktritt der Europäischen Kommission; Nr. 12 vom 23. März 1999; Seite 128 – 131.

Busch, Berthold (1990); Der EG-Haushalt; (= Beiträge zur Wirtschafts- und Sozialpolitik, Institut der deutschen Wirtschaft Köln; Bd. 185, 9/1990); Köln.

Busch, Berthold (1998); Zur künftigen Finanzierung der Europäischen Union; (= Beiträge zur Wirtschaft- und Sozialpolitik, Institut der deutschen Wirtschaft Köln; Bd. 242, 3/1998); Köln.

Caesar, Rolf (1990 a); Neue Steuer für die Europäische Gemeinschaft? – Kriterien und Vorschläge; in: Biehl, Dieter; Pfennig, Gero (Hrsg.); Zur Reform der EG-Finanzverfassung: Beiträge zur wissenschaftlichen und politischen Debatte; (= Analysen zur Europapolitik des Instituts für Europäische Politik; Bd. 4); Bonn; Seite 57 – 105.

Caesar, Rolf (1990 b); Die Verschuldung als Finanzierungsinstrument der Europäischen Gemeinschaften; in: Biehl, Dieter; Pfennig, Gero (Hrsg.); Zur Reform der EG-Finanzverfassung: Beiträge zur wissenschaftlichen und politischen Debatte; (= Analysen zur Europapolitik des Instituts für Europäische Politik; Bd. 4); Bonn; Seite 221 – 273.

Caesar, Rolf (1996 a); Zur Reform des EU-Einnahmesystems; (= Diskussionsbeiträge aus dem Institut für Volkswirtschaftslehre; Nr. 124/1996); Hohenheim.

Caesar, Rolf (1996 b); Zur Reform des Einnahmesystems der Europäischen Union; in: Europa auf dem Weg zur Politischen Union?: Probleme und Perspektiven der europäischen Integration vor „Maastricht II"; Zohlnhöfer, Werner (Hrsg.); (= Schriften des Vereins für Socialpolitik, Gesellschaft für Wirtschafts- und Sozialwissenschaften; Neue Folge Bd. 247); Berlin; Seite 145 - 173.

Caesar, Rolf (1997 a); Haushalts- und Finanzwirtschaft; in: Hrbek, Rudolf (Hrsg.); Die Reform der Europäischen Union: Positionen und Perspektiven anläßlich der Regierungskonferenz; (= Schriftenreihe des Arbeitskreises Europäische Integration e.V.; Bd. 41); Baden-Baden; Seite 281 – 298.

Caesar, Rolf (1997 b); Die deutsche Nettozahlerposition – Eine Koalition zu Lasten Dritter?; in: Caesar, Rolf (Hrsg.); Zur Reform der Finanzverfassung und Strukturpolitik der EU; (= Schriftenreihe des Arbeitskreises Europäische Integration e.V.; Bd. 42); Baden-Baden; Seite 161 – 180.

Chirac, Jacques (1977); Frankreich und Europa; in: Mayer-Vorfelder, Gerhard; Zuber, Hubertus (Hrsg.); Welches Europa ?; Stuttgart, Seite 187 – 193.

Clostermeyer, Claus-Peter (1997); Deutschland – „Zahlmeister" Europas?; in: Caesar, Rolf (Hrsg.); Zur Reform der Finanzverfassung und Strukturpolitik der EU; (= Schriftenreihe des Arbeitskreises Europäische Integration e.V.; Bd. 42); Baden-Baden; Seite 141 – 153.

Colasanti, Fabio (1997); Neue Einnahmequellen für die EU?; in: Caesar, Rolf (Hrsg.); Zur Reform der Finanzverfassung und Strukturpolitik der EU; (= Schriftenreihe des Arbeitskreises Europäische Integration e.V.; Bd. 42); Baden-Baden; Seite 181 – 191.

Dankert, Jochen (1989); Die Außenpolitik Frankreichs – V. Republik; Berlin (Ost).

Dauderstädt, Michael; Lippert, Barbara (1998); Die deutsche Ratspräsidentschaft: Doppelstrategie zur Vertiefung und Erweiterung der EU; Domitra, Michael (Hrsg.); Bonn.

Deffaa, Walter (1997); Deutschland – „Zahlmeister" Europas?; in: Caesar, Rolf (Hrsg.); Zur Reform der Finanzverfassung und Strukturpolitik der EU; (= Schriftenreihe des Arbeitskreises Europäische Integration e.V.; Bd. 42); Baden-Baden; Seite 153 – 160.

Denton, Geoffrey (1987); Germany, the Zahlmeister and Central Banker of the European Community?: A British View; in: Birke, Adolf; Kluxen, Kurt; Die europäische Herausforderung: England und Deutschland in Europa; (= Prinz-Albert-Studien; Bd. 5); München, London, New York, Oxford, Paris; Seite 55 – 67.

Deutsche Bundesbank (1993); Die Finanzbeziehungen der Bundesrepublik Deutschland zu den Europäischen Gemeinschaften seit dem Jahr 1988; in: Monatsbericht November; Seite 61 – 78.

Deutsche Bundesbank (1999); Neuere Tendenzen in den Finanzbeziehungen Deutschlands zur Europäischen Union; in: Monatsbericht Juli; Seite 59 – 74.

Dickertmann, Dietrich (1999); EU: Die Nettozahler- und Nettoempfänger-Positionen auf dem Prüfstand; in: Wirtschaftsdienst, 79. Jahrgang, Nr. 2; Seite 77 - 83.

Diekmann, Berend (1998); Neuordnung der EU-Finanzen: Die Nettozahlerposition als Hebel?; in: Wirtschaftsdienst, 78. Jahrgang, Nr. 2; Seite 89 – 96.

Dinan, Desmond (1994); Ever closer union?; An Introduction to the European Community; (= The European Union Series); London.

Edwards, Andrew (1982); Der Haushalt der Europäischen Gemeinschaft: das Konzept der Nettopositionen; in: Europa-Archiv, 37.Jahrgang, Folge 24; Seite 747 – 756.

Ehrhardt, Carl (1982); EG-Konfrontation mit Großbritannien; in: Außenpolitik, 33. Jahrgang, Nr. 3; Seite 225 – 242.

Europäische Gemeinschaften (1983); Verträge zur Gründung der Europäischen Gemeinschaften, Verträge zur Änderung dieser Verträge, Dokumente betreffend den Beitritt; Gekürzte Ausgabe; Luxemburg.

Europäische Kommission (1994); Der Haushalt der Europäischen Union; (= Europa in Bewegung); Brüssel, Luxemburg.

Europäische Kommission (1998); Haushaltsvademekum; Luxemburg.

Europäische Kommission (1999); Finanzbericht 1998; Luxemburg.

Europäische Union; Europäische Gemeinschaft (1995); Die Vertragstexte von Maastricht mit den deutschen Begleitgesetzten; bearbeitet und eingeleitet von Läufer, Thomas; 4. Auflage; Bonn.

Europa-Recht (1990); (= Beck-Texte); 10. neubearbeitete und ergänzte Auflage; München.
European Commission (1995); European Union public finance: The characteristics, rules and operation of the European financial system; Luxembourg.

Francke, Hans-Hermann (1993); Zukunftsprobleme der europäischen Integration – von Maastricht zu einem europäischen Finanzausgleichssystem?;
(= Diskussionsbeiträge, Institut für Finanzwissenschaft der Albert-Ludwig-Universität; Nr. 22/93); Freiburg.
Frankenberger, Klaus-Dieter (1999); Und dann verhandelt Schröder im „Beichtstuhlverfahren"; in: Frankfurter Allgemeine Zeitung vom 27. März, Nr. 73; Seite 3.
Freudenstein, Roland (1997); Nachdenken über den Europa-Begriff: Integrationsmotivation einst und jetzt; in: Internationale Politik, Nr. 11; Seite 43 – 49.
Friedrich, Ingo; Boge, Reimer (1999); The EU costs too much; in: Deutsche Bundesbank, Auszüge aus Presseartikeln, Nr. 20 vom 30. März; Seite 16f. .
Fugmann, Friedrich (1992); Der Gesamthaushalt der EG: Bedeutung, rechtliche Struktur, Vollzug, Notwendigkeit und Möglichkeiten einer Reform; Sindelfingen.

Gaddum, Eckart (1994); Die deutsche Europapolitik in den 80er Jahren: Interessen, Konflikte und Entscheidungen der Regierung Kohl; (= Studien zur Politik; Bd. 22); Paderborn, München, Wien, Zürich.
Groeben, Hans von der; Boeckh, Hans von; Thiesing, Jochen; Ehlermann, Claus-Dieter (1983); Kommentar zum EWG-Vertrag; Bd. 2 Art. 137 – 248; 3. neubearbeitete Auflage; Baden-Baden.
Gros, Jürgen (1999); Bundesrepublik Deutschland; in: Weidenfeld, Werner (Hrsg.); Europa-Handbuch; (= Bundeszentrale für politische Bildung; Schriftenreihe; Bd. 359); Bonn; Seite 92 – 105.
Grosser, Alfred (1989); Frankreich und seine Außenpolitik: 1944 bis heute; München.

Guérin-Sendelbach, Valérie (1999); Frankreich und das vereinigte Deutschland: Interessen und Perzeption im Spannungsfeld; (= Schriften des Forschungsinstituts der Deutschen Gesellschaft für Auswärtige Politik e.V.); Opladen.

Guth, Eckart (1997); Die derzeitige Finanzverfassung der EU: Entwicklungen und Erfahrungen; in: Caesar, Rolf (Hrsg.); Zur Reform der Finanzverfassung und Strukturpolitik der EU; (= Schriftenreihe des Arbeitskreises Europäische Integration e.V.; Bd. 42); Baden-Baden; Seite 91 – 110.

Guth, Eckart (1998/99); Wirtschaftliche und finanzielle Rahmenbedingungen der Agenda 2000; in: Wittschorek, Peter (Hrsg.); AGENDA 2000: Herausforderungen an die Europäische Union und an Deutschland; (= Schriften des Zentrum für Europäische Integrationsforschung; Bd. 8; Kühnhardt, Ludger (Hrsg.)); Baden-Baden; Seite 99 – 117.

Guth, Eckart (1999); Die Vorschläge zur Reform des EU-Finanzsystems 2000 – 2006; in: List Forum für Wirtschafts- und Finanzpolitik; Bd. 25, Heft 2; Seite 119 – 137.

Hacke, Christian (1988); Weltmacht wider Willen: Die Außenpolitik der Bundesrepublik Deutschland; Stuttgart.

Häde, Ulrich (1993); Die Finanzverfassung der Europäischen Gemeinschaften – ein Überblick; in: Europäische Zeitschrift für Wirtschaftsrecht, 4. Jahrgang, Heft 13; Seite 401 – 409.

Heinemann, Friedrich (1998 a); EU-Finanzreform: Freiräume für Zukunftsaufgaben schaffen; in: EU-Magazin, 30. Jahrgang, Nr. 11; Seite 35 ff. .

Heinemann, Friedrich (1998 b); EU-Finanzreform 1999: Eine Synopse der politischen und wissenschaftlichen Diskussion und eine neue Reformkonzeption; Gütersloh.

Heinemann, Friedrich (1999 a); Der Kompensationsfonds: Eine neue Finanzverfassung für die EU der 21+; in: Wirtschaftsdienst, 79. Jahrgang, Nr. 5; Seite 293 – 299.

Heinemann, Friedrich (1999 b); Ein Kompensationsfonds für die Europäische Union; in: Handelsblatt vom 8. Juli 1999, Nr. 129; Seite 59.

Heinemann, Friedrich (1999 c); EU-Finanzen: Eine Steuer für Europa?; in: EU-Magazin, 31. Jahrgang, Nr. 11; Seite 30f. .

Henke, Klaus-Dirk (1981); Die Finanzierung der Europäischen Gemeinschaften: Zur integrationsfördernden Fortentwicklung des europäischen Einnahmensystems; in: Probleme des Finanzausgleichs III: Finanzausgleich im Rahmen der Europäischen Gemeinschaften; Pohmer, Dieter (Hrsg.); (= Schriften des Vereins für Socialpolitik, Gesellschaft für Wirtschafts- und Sozialwissenschaften; Neue Folge Bd. 96/III); Berlin.

Henke, Klaus-Dirk (1997); Die Finanzierung der EU; in: Wirtschaftsdienst, 77. Jahrgang, Nr. 1; Seite 45 – 49.

Hillenbrand, Olaf (1995); Europa-ABC in Stichworten; in: Weidenfeld, Werner; Wessels, Wolfgang (Hrsg.); Europa von A – Z: Taschenbuch der europäischen Integration; 5. Auflage; Bonn; Seite 353 – 392.

Hort, Peter (1988); Die Bilanz der deutschen EG-Präsidentschaft; in: Europa-Archiv, 43. Jahrgang, Folge 15; Seite 421 – 428.

Hort, Peter (1999); Bauern, Bonzen und Bomben; in: Frankfurter Allgemeine Zeitung vom 25. März, Nr. 71; Seite 5.

Hrbek, Rudolf; Wessels, Wolfgang (1984); Das EG-System als Problemlösungsebene und Handlungsrahmen – Optionen bundesrepublikanischer Europa-Politik; in: Hrbek, Rudolf; Wessels, Wolfgang (Hrsg.); EG-Mitgliedschaft: ein vitales Interesse der Bundesrepublik Deutschland?; (= Europäische Schriften des Instituts für Europäische Politik; Bd. 62); Bonn; Seite 501 – 542.

Hrbek, Rudolf; Läufer, Thomas (1986); Die Einheitliche Europäische Akte, Das Luxemburger Reformpaket: eine neue Etappe im Integrationsprozeß; in: Europa-Archiv, 41. Jahrgang, Folge 6; Seite 173 – 184.

Hrbek, Rudolf (1999); Die Agenda der deutschen EU-Ratspräsidentschaft; in: Wirtschaftsdienst, 79. Jahrgang, Nr. 1; Seite 7 – 10.

Hübner, Emil; Münch, Ursula (1998); Das politische System Großbritanniens: eine Einführung; (= Beck`sche Reihe, 1251); München.

Informationen zur politischen Bildung (1999); Großbritannien; Bundeszentrale für politische Bildung (Hrsg.); Nr. 262; Bonn.

Institut „Finanzen und Steuern“ e.V. (1998); Agenda 2000: Die Rolle der europäischen Strukturpolitik zwischen Kohäsions- und Beschäftigungsziel; Lesch, Hagen (Bearb.); (= IFSt-Schrift; Nr. 365); Bonn.

Irmer, Ulrich (1998/99); Agenda 2000 – Politische und wirtschaftliche Herausforderungen an die Europäische Union; in: Wittschorek, Peter (Hrsg.); AGENDA 2000: Herausforderungen an die Europäische Union und an Deutschland; (= Schriften des Zentrum für Europäische Integrationsforschung; Bd. 8; Kühnhardt, Ludger (Hrsg.)); Baden-Baden; Seite 215 – 226.

Jakoby, Herbert (1999); Reform der EU-Strukturfonds; in: WSI Mitteilungen, 52. Jahrgang, Nr. 6; Seite 407 – 414.

Janning, Josef; Piepenschneider, Melanie (1993); Deutschland in Europa: Eine Bilanz europäischer Einigungspolitik; in Zusammenarbeit mit der Konrad-Adenauer-Stiftung e.V.; (= Deutschland-Report, Nr. 19); St. Augustin.

Jessen, Christoph (1999); Agenda 2000: Das Reformpaket von Berlin, ein Erfolg für Gesamteuropa; in: Integration, 22. Jahrgang, Nr. 3; Seite 167 – 175.

Jung, Friedrich Ernst (1997); Europa-Politik 40 Jahre danach; in: Außenpolitik, 48. Jahrgang, Nr. 3; Seite 220 – 227.

Klein, Armin (1997); Die derzeitige Finanzverfassung der EU: Entwicklung und Erfahrungen; in: Caesar, Rolf (Hrsg.); Zur Reform der Finanzverfassung und Strukturpolitik der EU; (= Schriftenreihe des Arbeitskreises Europäische Integration e.V.; Bd. 42); Baden-Baden; Seite 77 – 90.

Koch, Peter (1985); Konrad Adenauer: Eine politische Biographie; Hamburg.

Kohl, Eckhard; Bergmann, Jan (1998); Europäischer Finanzausgleich?: Gewinner und Verlierer der EU-Politiken; Köln.

Kolboom, Ingo (1993); Europa denken - Frankreich in Europa; in: Kolboom, Ingo; Weisenfeld, Ernst (Hrsg.); Frankreich in Europa: ein deutsch-französischer Rundblick; (= Forschungsinstitut der Deutschen Gesellschaft für Auswärtige Politik e.V.); Bonn; Seite 19 – 50.

Kraff, Manfred (1997); Der Finanzausgleich in der Europäischen Union: Theorie. Praxis und Perspektiven; Bonn.

Kraff, Manfred (1999); Wohin führt die Agenda 2000?: Die Europäische Integration aus politökonomischer Sicht; Dickertmann, Dietrich; Lehmann, Matthias; Rückle, Dieter (Hrsg.); (= Universität Trier; Fachbereich IV, Arbeitspapier Nr. 52); Trier.

Kreile, Michael (1999); Die Osterweiterung der Europäischen Union; in: Weidenfeld, Werner (Hrsg.); Europa-Handbuch; (= Bundeszentrale für politische Bildung; Schriftenreihe; Bd. 359); Bonn; Seite 802 – 822.

Kühlcke, Helgar; May, Bernhard (1986); Zahlmeister oder Nutznießer?: Die Bedeutung der Europäischen Gemeinschaft für die Bundesrepublik Deutschland; Bonn.

Kühnhardt, Ludger (1999); Die EU zwischen Reformerfordernissen und Erweiterungsfolgen: Zur Ausgestaltung der AGENDA 2000; in: Wirtschaftspolitische Blätter, 46. Jahrgang, Nr. 1-2; Seite 110 – 117.

Küsters, Hanns Jürgen (1982); Die Gründung der Europäischen Wirtschaftsgemeinschaft; Baden-Baden.

Läufer, Thomas (1990); Das Haushaltsverfahren: Grundprobleme, Konfliktlagen, Reformvorschläge; in: Biehl, Dieter; Pfennig, Gero (Hrsg.); Zur Reform der EG-Finanzverfassung: Beiträge zur wissenschaftlichen und politischen Debatte; (= Analysen zur Europapolitik des Instituts für Europäische Politik; Bd. 4); Bonn; Seite 135 – 187.

Läufer, Thomas (1995); Einheitliche Europäische Akte; in: Weidenfeld, Werner; Wessels, Wolfgang (Hrsg.); Europa von A – Z: Taschenbuch der europäischen Integration; 5. Auflage; Bonn; Seite 107 ff. .

Lange, Erwin (1984); Die künftige Finanzstruktur der Europäischen Gemeinschaft; in: Schwarze, Jürgen; Bieber, Roland (Hrsg.); Eine Verfassung für Europa: Von der Europäischen Gemeinschaft zur Europäischen Union; (= Schriftenreihe Europäisches Recht, Politik und Wirtschaft; Bd. 115); Baden-Baden; Seite 217 – 226.

Lehmann, Hans Georg (1995); Deutschland-Chronik 1945 – 1995; (= Bundeszentrale für politische Bildung; Schriftenreihe; Bd. 332.); Bonn.

Link, Werner (1999); Deutschland als europäische Macht; in: Weidenfeld, Werner (Hrsg.); Europa-Handbuch; (= Bundeszentrale für politische Bildung; Schriftenreihe; Bd. 359); Bonn; Seite 552 – 564.

Lippert, Barbara (1999); Nach der Reform ist vor der Reform: Zu den Verhandlungsergebnissen des Berliner Agenda-2000-Gipfels; in: Europäische Zeitung, Nr. 5; Seite 5.

Lütkehus, Rainer (1998); Europäische Rechenkünste; in: EU-Magazin, 30. Jahrgang, Nr. 10; Seite 24 f. .

Mans Angela (1992); EG-Finanzsystem auf dem Prüfstand; in: Integration, 15. Jahrgang, Nr. 4; Beilage zur Europäischen Zeitung Nr. 11; Seite 251 – 256.

Marhold, Hartmut (1999); Äußere Einflüsse und eigene Schritte: Eine Bilanz der deutschen EU-Ratspräsidentschaft; in: Europäische Zeitung, Nr. 7/8.

May, Bernhard (1982); Kosten und Nutzen der deutschen EG-Mitgliedschaft; (= Schriften des Forschungsinstituts der Deutschen Gesellschaft für Auswärtige Politik e.V.); Bonn.

May, Bernhard (1984); Der deutsche Beitrag zum Gemeinschaftshaushalt – Die „Nettozahler“-Diskussion; in: Hrbek, Rudolf; Wessels, Wolfgang (Hrsg.);

EG-Mitgliedschaft: ein vitales Interesse der Bundesrepublik Deutschland?; (= Europäische Schriften des Instituts für Europäische Politik; Bd. 62); Bonn; Seite 357 – 387.

Memminger, Gerhard (1997); Plädoyer für eine gerechtere finanzielle Lastenverteilung in der Europäischen Union; in: Brok, Elmar; Memminger, Gerhard; Pfennig, Gero; Rinsche, Günter; Seiters, Rudolf; Stark, Jürgen; Das Finanzsystem der EU: Neue Ansätze und Perspektiven; Konrad-Adenauer-Stiftung (Hrsg.); (= Interne Studien, Bereich Forschung und Beratung; Nr. 142); St. Augustin; Seite 55 – 62.

Ménudier, Henri (1999); Frankreich; in: Weidenfeld, Werner (Hrsg.); Europa-Handbuch; (= Bundeszentrale für politische Bildung; Schriftenreihe; Bd. 359); Bonn; Seite 106 – 115.

Messal, Rüdiger (1991); Das Eigenmittelsystem der Europäischen Gemeinschaft; Schwarze, Jürgen (Hrsg.); (= Schriftenreihe Europäisches Recht, Politik und Wirtschaft; Bd. 141); Baden-Baden.

Messal, Rüdiger; Klein, Armin (1993); Finanzlasten und Eigenmittelstruktur der Europäischen Gemeinschaft; in: Wirtschaftsdienst, 73. Jahrgang, Nr. 7; Seite 375 – 383.

Meyer, Patrick (1999); Die Europapolitik der Bundesrepublik Deutschland; in: Weidenfeld, Werner (Hrsg.); Europa-Handbuch; (= Bundeszentrale für politische Bildung; Schriftenreihe; Bd. 359); Bonn; Seite 565 – 582.

Middel, Andreas (1999); Deutsche EU-Beiträge sinken drastisch; in: Die Welt vom 18. November, Nr. 270; Seite 46.

Morgan, Roger (1999); Großbritannien; in: Weidenfeld, Werner (Hrsg.); Europa-Handbuch; (= Bundeszentrale für politische Bildung; Schriftenreihe; Bd. 359); Bonn; Seite 126 – 138.

Müller-Roschach, Herbert (1974); Die deutsche Europapolitik: Wege und Umwege zur politischen Union Europas; (= Schriftenreihe Europäische Wirtschaft; Bd. 78); Regul, Rudolf (Hrsg.); Baden-Baden.

Nass, Klaus Otto (1976); Der „Zahlmeister" als Schrittmacher?: Die Bundesrepublik Deutschland in der Europäischen Gemeinschaft; in: Europa-Archiv, 31. Jahrgang, Folge 10; Seite 325 – 335.

Neumann, Manfred (1999); Grundlegende Reform des Finanzierungssystems der EU; in: Wirtschaftsdienst, 79. Jahrgang, Nr. 2; Seite 71 – 75.

Nienhaus, Volker (1993); Der Haushalt der Europäischen Gemeinschaften; in: Aus Politik und Zeitgeschichte, 43. Jahrgang, B18; Seite 28 – 38.

Nittka, Ulrich (1979); Das Finanzierungssystem der Europäischen Gemeinschaften; Klemmer, Paul (Hrsg.); (= Beiträge zur Struktur- und Konjunkturforschung; Bd. 11); Bochum.

Nottelmann, Angela (1982); Der Haushalt der Europäischen Gemeinschaften: Problem und Reformvorstellungen; (= Veröffentlichung des HWWA-Instituts für Wirtschaftsforschung); Hamburg.

o.V. (1988); Deutschland – Frankreich: Ein neues Kapitel ihrer Geschichte 1948 – 1998, Chronologie; erarbeitet von: Zeitschrift Dokumente und Deutsch-Französisches Institut Ludwigsburg; Bonn.

o.V. (1998); Deutschland steht vor einer Entlastung; in: Europe Today, Europäische Gegenwart, Nr. 2-3; Seite 6.

o.V. (1999 a); Allgemeine Informationen; in: Bulletin Quotidien Europe vom 13. Januar , Nr. 7381; Seite 8.

o.V. (1999 b); EU-Nettozahlerdebatte: Reformbedarf auf der Einnahmen- und auf der Ausgabenseite; in: Deutsche Bundesbank, Auszüge aus Presseartikeln, Nr. 7 vom 1. Februar; Seite 16 f. .

o.V. (1999 c); Zur EU-Finanzreform: Ausgaben und Einnahmen streng begrenzen, Lasten fair verteilen; Karl-Bräuer-Institut des Bundes der Steuerzahler (Hrsg.); (= vervielfältigtes Typoskript); Wiesbaden.

o.V. (1999 d); Nun beginnt die entscheidende Phase der EU-Verhandlungen; in: Frankfurter Allgemeine Zeitung vom 1. März, Nr. 50; Seite 1f. .

o.V. (1999 e); Harte Kritik Chiracs an den deutschen Vorschlägen für das EU-Gipfeltreffen in Berlin; in: Frankfurter Allgemeine Zeitung vom 20. März, Nr. 67; Seite 1.

o.V. (1999 f); Vorsichtiger Optimismus überwiegt; in: Frankfurter Allgemeine Zeitung vom 20. März, Nr. 67; Seite 2.

o.V. (1999 g); Schröder fordert erfolgreichen Abschluß der Agenda 2000; in: Frankfurter Allgemeine Zeitung vom 24. März, Nr. 70; Seite 1 f. .

o.V. (1999 h); WWF: Agenda 2000 unzureichend; in: Frankfurter Allgemeine Zeitung vom 24. März, Nr. 70; Seite 6.

o.V. (1999 i); Prodi soll Präsident der EU-Kommission werden; in: Frankfurter Allgemeine Zeitung vom 25. März, Nr. 71; Seite 1 f. .

o.V. (1999 j); Die Schieflage der EU-Finanzierung; in: Frankfurter Allgemeine Zeitung vom 25. März, Nr. 71; Seite 4.

o.V. (1999 k); Zähe Verhandlungen über die Agenda 2000 beim Gipfeltreffen; in: Frankfurter Allgemeine Zeitung vom 26. März, Nr. 72; Seite 1 f. .

o.V. (1999 l); Die Europäische Union einigt sich auf die Agenda 2000; in: Frankfurter Allgemeine Zeitung vom 27. März, Nr. 73; Seite 1 f. .

o.V. (1999 m); Reformen der Agrar- und Strukturpolitik; in: Frankfurter Allgemeine Zeitung vom 27. März, Nr. 73; Seite 2.
o.V. (1999 n); Tagespolitik; in: Bulletin Quotidien Europe vom 27. März, Nr. 7434; Seite 4 – 7.
o.V. (1999 o); Europa aktuell: Berliner Gipfel vom 24./25. 3 1999 zur Agenda 2000, Bewertung der Ergebnisse durch Europaminister Bocklet; Bayerische Staatskanzlei (Hrsg.); München.
o.V. (1999 p); Allgemeine Informationen; in: Bulletin Quotidien Europe vom 2. April, Nr. 7438; Seite 6.

Paulsen, Thomas (1999); Die deutsche Rolle in Europa; in: Weidenfeld, Werner (Hrsg.); Europa-Handbuch; (= Bundeszentrale für politische Bildung; Schriftenreihe; Bd. 359); Bonn; Seite 539 – 551.
Peffekoven, Rolf (1994); Die Finanzen der Europäischen Union; (= Meyers Forum; Bd. 28); Mannheim, Leipzig, Wien, Zürich.
Petsche, Alexander; Pfeifer, Georg (1998); Die Kosten der EU-Osterweiterung am Beispiel Ungarns; in: Wirtschaftspolitische Blätter, 45. Jahrgang, Nr. 4; Seite 381 – 388.
Pfennig, Gero (1997); Eine EU-Finanzreform mit Mut und Augenmaß; in: Brok, Elmar; Memminger, Gerhard; Pfennig, Gero; Rinsche, Günter; Seiters, Rudolf; Stark, Jürgen; Das Finanzsystem der EU: Neue Ansätze und Perspektiven; Konrad-Adenauer-Stiftung (Hrsg.); (= Interne Studien Bereich Forschung und Beratung; Nr. 142); St. Augustin; Seite 41 – 53.
Pfetsch, Frank (1993); Die Außenpolitik der Bundesrepublik 1949 – 1992: Von der Spaltung zur Vereinigung; (= UTB für Wissenschaft, Uni-Taschenbuch; Bd. 1752); 2. erweiterte und verbesserte Auflage; München.
Piepenschneider, Melanie (1994); Europäische Integration als nationales Interesse. Aktuelle Begründungen für die deutsche Europapolitik; in: Borchert, Jochen; Brok, Elmar; Piepenschneider, Melanie; Europäische Integration als deutsches Interesse; (= Aktuelle Fragen der Politik; Heft 10); Konrad-Adenauer-Stiftung (Hrsg.); St. Augustin; Seite 30 – 46.
Piepenschneider, Melanie (1997 a); Deutschland; in: Hrbek, Rudolf (Hrsg.); Die Reform der Europäischen Union: Positionen und Perspektiven anläßlich

der Regierungskonferenz; (= Schriftenreihe des Arbeitskreises Europäische Integration e.V.; Bd. 41); Baden-Baden; Seite 59 – 68.
Piepenschneider, Melanie (1997 b); Einleitung: Begriffe, Zeitplan und Rahmenbedingungen der Diskussion um die Finanzierung der EU; in: Brok, Elmar; Memminger, Gerhard; Pfennig, Gero; Rinsche, Günter; Seiters, Rudolf; Stark, Jürgen; Das Finanzsystem der EU: Neue Ansätze und Perspektiven; Konrad-Adenauer-Stiftung (Hrsg.); (= Interne Studien Bereich Forschung und Beratung; Nr. 142); St. Augustin; Seite 15 – 22.

Rat der Europäischen Gemeinschaften (1992); Europäischer Rat Edinburgh 11./12. Dezember 1992: Schlussfolgerungen des Vorsitzes; Luxemburg.
Regling, Klaus (1996); Die Entwicklung der Gemeinschaftsfinanzen aus deutscher Sicht; in: Waigel, Theo (Hrsg.); Unsere Zukunft heißt Europa: Der Weg zur Wirtschafts- und Währungsunion; 2. Auflage; Düsseldorf; Seite 210 – 234.
Reister, Erwin (1975); Haushalt und Finanzen der Europäischen Gemeinschaften; (= Schriftenreihe Europäische Wirtschaft; Bd. 82); Baden-Baden.
Riccardi, Ferdinando (1999 a); Zwischen den Zeilen; in: Bulletin Quotidien Europe vom 4. März, Nr. 7417; Seite 3 f. .
Riccardi, Ferdinando (1999 b); Zwischen den Zeilen; in: Bulletin Quotidien Europe vom 27. März, Nr. 7434; Seite 3.
Rhein, Eberhard (1986); Die Europäische Gemeinschaft und das Mittelmeer; in: Europa-Archiv, 41. Jahrgang, Folge 22; Seite 641 – 648.
Rolle, Carsten (1999); EU-Nettozahlungen – Beuten kleine Länder große aus?; in: Wirtschaftsdienst, 79. Jahrgang, Nr. 3; Seite 181 – 184.
Rudzio, Kolja (1997); EU-Finanzen und Strukturfonds vor der Reform; in: Integration, 20. Jahrgang, Nr. 3; Seite 180 – 188.

Samland, Detlev (1997); Perspektiven der EU-Finanzverfassung und EU-Strukturpolitik; in: Caesar, Rolf (Hrsg.); Zur Reform der Finanzverfassung und Strukturpolitik der EU; (= Schriftenreihe des Arbeitskreises Europäische Integration e.V.; Bd. 42); Baden-Baden; Seite 223 – 238.

Santer, Jacques (1998/99); Agenda 2000 – für eine stärkere und erweiterte Union; in: Wittschorek, Peter (Hrsg.); AGENDA 2000: Herausforderungen an die Europäische Union und an Deutschland; (= Schriften des Zentrum für Europäische Integrationsforschung; Bd. 8; Kühnhardt, Ludger (Hrsg.)); Baden-Baden; Seite 21 – 31.

Schäfers, Manfred (1993); Die Kohäsionspolitik der Europäischen Gemeinschaft: Integrationspolitische Einordnung, Darstellung und Erfolgskontrolle; (= Wirtschaftsrecht und Wirtschaftspolitik; Bd. 130; Mestmäcker, Ernst-Joachim (Hrsg.)); Baden-Baden.

Schiemann, Jürgen (1999); Agenda 2000: Erweiterung und Reform der Europäischen Union; in: Integration, 22. Jahrgang, Nr. 3; Seite 205 – 210.

Schlußfolgerungen des Vorsitzes (1999); Europäischer Rat Berlin 24./25. März 1999; (= vervielfältigtes Typoskript); o.O. .

Schmidhuber, Peter (1991); Finanzpolitische Konsequenzen der Weiterentwicklung der Europäischen Gemeinschaften; in: Europa-Archiv, 46. Jahrgang, Folge 15-16; Seite 487 – 492.

Schmidhuber, Peter (1992); Die Finanzierung der Europäischen Gemeinschaft in den nächsten fünf Jahren; in: Wirtschaftsdienst, 72. Jahrgang, Nr. 11; Seite 568 – 573.

Schultz, Martin (1995); Europäische Gemeinschaft für Kohle und Stahl; in: Weidenfeld, Werner; Wessels, Wolfgang (Hrsg.); Europa von A – Z: Taschenbuch der europäischen Integration; 5. Auflage; Bonn; Seite 153 f. .

Schulz, Eberhard (1984); Die Europäische Integration und die deutsche Frage; in: Hrbek, Rudolf; Wessels, Wolfgang (Hrsg.); EG-Mitgliedschaft: ein vitales Interesse der Bundesrepublik Deutschland?; (= Europäische Schriften des Instituts für Europäische Politik; Bd. 62); Bonn; Seite 443 – 468.

Schwerdtfeger, Clemens (1992); Die Reform der Strukturfonds in der Europäischen Gemeinschaft: ländliche Entwicklungsplanung im Spannungsfeld von Agrar- und Regionalpolitik unter besonderer Berücksichtigung der EG-Integration der neuen Bundesländer; (= Europa-Studien 1, Regionalpolitik); Regensburg.

Seebohm, Eckard; (1982); EG-Finanzen: Spiegelbild ungelöster Probleme der europäischen Integration; in: Wirtschaftsdienst, 62. Jahrgang; Seite 177 – 183.

Seiters, Rudolf (1997); Ein Korrekturmechanismus für die Nettozahler; in: Brok, Elmar; Memminger, Gerhard; Pfennig, Gero; Rinsche, Günter; Seiters, Rudolf; Stark, Jürgen; Das Finanzsystem der EU: Neue Ansätze und Perspektiven; Konrad-Adenauer-Stiftung (Hrsg.); (= Interne Studien, Bereich Forschung und Beratung; Nr. 142); St. Augustin; Seite 35 – 39.

Soler, Fernando Carderera (1998/99); Finanzrahmen und Erweiterung der Europäischen Union, Betrachtungen aus spanischer Sicht; in: Wittschorek, Peter (Hrsg.); AGENDA 2000: Herausforderungen an die Europäische Union und an Deutschland; (= Schriften des Zentrum für Europäische Integrationsforschung; Bd. 8; Kühnhardt, Ludger (Hrsg.)); Baden-Baden; Seite 119 – 127.

Spiegel-Online (1998); Streitfragen: Der kleinste Nenner gilt; http://www.spiegel.de/spiegel/0,1518,10771,00.html .

Stabenow, Michael (1999); Wenn das Rad auf der Kippe steht; in: Frankfurter Allgemeine Zeitung vom 24. März, Nr. 70; Seite 14.

Stadlmann, Heinz (1984 a); Die Zukunft der Europäischen Gemeinschaft nach dem Fehlschlag von Athen; in: Europa-Archiv, 39. Jahrgang, Folge 2; Seite 35 – 42.

Stadlmann, Heinz (1984 b); Die Europäische Gemeinschaft nach der französischen Ratspräsidentschaft: Die Bedeutung der gemeinsamen Rolle Frankreichs und der Bundesrepublik Deutschland; in: Europa-Archiv, 39. Jahrgang, Folge 15; Seite 447 – 454.

Stahl, Gerhard (1987); Die Vorschläge der EG-Kommission zur Haushalts- und Finanzreform; in: Wirtschaftsdienst, 67. Jahrgang, Nr. 4; Seite 186 – 191.

Stankovsky, Jan (1999); Finanzierung der EU-Osterweiterung; in: Wirtschaftspolitische Blätter, 46. Jahrgang, Nr. 1-2; Seite 87 – 94.

Stark, Jürgen (1996); Die künftige Finanzierung des EU-Haushaltes und der Beitrag der Bundesrepublik Deutschland; in: Integration, 19. Jahrgang, Nr. 3; Seite 159 – 163.

Stark, Jürgen (1997); Finanzierung der Europäischen Union: Rückblick, Zwischenbilanz und Ausblick; in: Brok, Elmar; Memminger, Gerhard; Pfennig, Gero; Rinsche, Günter; Seiters, Rudolf; Stark, Jürgen; Das Finanzsystem der EU: Neue Ansätze und Perspektiven; Konrad-Adenauer-Stiftung (Hrsg.); (= Interne Studien, Bereich Forschung und Beratung; Nr. 142); St. Augustin; Seite 23 – 34.

Stehn, Jürgen (1999); Agenda 2000: Ouvertüre oder Finale der Reformen im Zuge der EU-Osterweiterung; (= Kieler Diskussionsbeiträge; Nr. 336); Kiel.

Stern Volker; Werner, Georg (1998); Durch Einsparungen die Lasten mindern: Notwendigkeit und Möglichkeiten zur Begrenzung der Staatsausgaben; Karl-Bräuer-Institut des Bundes der Steuerzahler e.V. (Hrsg.); (= Heft 89); Wiesbaden.

Stierle, Michael Harold (1999); Der Haushalt der Europäischen Union und die Diskussion um seine Neuordnung im Rahmen der Agenda 2000; (= Speyerer Arbeitshefte; Nr. 119); Speyer.

Strasser, Daniel (1991); Die Finanzen Europas: Das Haushalts- und Finanzrecht der Europäischen Gemeinschaften; (= Sammlung „Europäische Perspektiven); 3. Auflage in deutscher Sprache; Brüssel, Luxemburg.

Stübgen, Michael (1998/99); Agenda 2000 – Sicherung von Frieden und Wohlstand in Europa; in: Wittschorek, Peter (Hrsg.); AGENDA 2000: Herausforderungen an die Europäische Union und an Deutschland; (= Schriften des Zentrum für Europäische Integrationsforschung; Bd. 8; Kühnhardt, Ludger (Hrsg.)); Baden-Baden; Seite 243 – 252.

Sturm, Roland; Zimmermann-Steinhart, Petra (1999); Die deutsche EU-Ratspräsidentschaft; in: Gegenwartskunde, 48. Jahrgang, Nr. 3; Seite 285 – 296.

Sturm, Roland (1999); Deutsche Positionen zur Agenda 2000; in: Politische Studien, 50. Jahrgang; Nr. 368; Seite 17 – 23.

Thatcher, Margaret (1977); England und die EG; in: Mayer-Vorfelder, Gerhard; Zuber, Hubertus (Hrsg.); Welches Europa?; Stuttgart; Seite 176 – 186.

Thatcher, Margaret (1993); Downing Street No. 10: Die Erinnerungen; Düsseldorf, Wien, New York, Moskau.

Theato, Diemut; Graf, Rainer (1994); Das Europäische Parlament und der Haushalt der Europäischen Gemeinschaft; Baden-Baden.
Thiel, Elke (1994); Die Europäische Union; Bayerische Landeszentrale für politische Bildungsarbeit (Hrsg.); (= Grundinformation Politik); 2. Auflage; München.
Thiel, Elke (1999); Die Europäische Union; Bayerische Landeszentrale für politische Bildungsarbeit (Hrsg.); (= Grundinformation Politik); 3. Auflage; München.
Thomson, George (1974); Die integrationspolitische Bedeutung europäischer Regionalpolitik im Rahmen der Neun; in: Europa-Archiv, 29. Jahrgang, Folge 2; Seite 37 –44.
Tillich, Stanislaw (1999); Der Haushalt der Europäischen Union (EU); in: Der Haushalt der Europäischen Union; EVP-Fraktion des Europäischen Parlaments, CDU/CSU-Gruppe im Europäischen Parlament (Hrsg.); (= Schriftenreihe 1/99); Bonn, Brüssel; Seite 4 – 24.
Timmann, Hans-Jörg (1990); Die jüngste Finanzreform (1988) und ihre Umsetzung; in: Biehl, Dieter; Pfennig, Gero (Hrsg.); Zur Reform der EG-Finanzverfassung: Beiträge zur wissenschaftlichen und politischen Debatte; (= Analysen zur Europapolitik des Instituts für Europäische Politik; Bd. 4); Bonn; Seite 25 - 55.

Ungar, Peter (1990); Vorschläge für eine neue EG-Finanzverfassung auf dem Prüfstand; in: Integration, 13. Jahrgang, Nr. 3, Beilage zur Europäischen Zeitung Nr. 7/8; Seite 126 – 133.
Ungerer, Werner (1984); Europäische Perspektiven nach Fontainebleau; in: Außenpolitik, 35. Jahrgang, Nr. 4; Seite 394 – 408.

Verheugen, Günter (1999); Deutschland und die EU-Ratspräsidentschaft: Erwartungen und Realitäten; in: Integration, 22. Jahrgang, Nr. 1; Seite 1 – 8.
Vertrag von Amsterdam (1999); Texte des EU-Vertrages und des EG-Vertrages mit den deutschen Begleittexten; Läufer, Thomas (Hrsg.); (= Bundeszentrale für politische Bildung); Bonn.

Volle, Angelika (1987); Großbritannien und die Bundesrepublik Deutschland in der Europäischen Gemeinschaft; in: Birke, Adolf; Kluxen, Kurt; Die europäische Herausforderung: England und Deutschland in Europa; (= Prinz-Albert-Studien; Bd. 5); München, London, New York, Oxford, Paris; Seite 41 – 53.

Volle, Angelika (1989 a); Der Wandel Großbritanniens vom zögernden Außenseiter zum widerspenstigen Partner in der Europäischen Gemeinschaft; in: Aus Politik und Zeitgeschichte; 39. Jahrgang, B3; Seite 30 – 43.

Volle, Angelika (1989 b); Großbritannien und der europäische Einigungsprozeß; (= Forschungsinstitut der Deutschen Gesellschaft für Auswärtige Politik e.V.; Arbeitspapiere zur Internationalen Politik; 51); Bonn.

Volle, Angelika (1992); Großbritannien in der Europäischen Gemeinschaft: Vom zögernden Außenseiter zum widerspenstigen Partner; in: Schmidt, Gustav (Hrsg.); Großbritannien und Europa – Großbritannien in Europa: Sicherheitsbelange und Wirtschaftsfragen in der britischen Europapolitik nach dem 2. Weltkrieg; (= Arbeitskreis Deutsche England Forschung; Jahrestagung 1988; Bd. 10); 2. unveränderte Auflage; Bochum; Seite 315 – 347.

Volle, Angelika (1994); Der mühsame Weg Großbritanniens nach Europa; in: Kastendiek, Hans; Rohe, Karl; Volle, Angelika (Hrsg.); Länderbericht Großbritannien: Geschichte, Politik, Wirtschaft, Gesellschaft; (= Bundeszentrale für politische Bildung; Schriftenreihe; Bd. 327); Bonn; Seite 383 – 396.

Volle, Angelika (1998); Der mühsame Weg Großbritanniens nach Europa; in: Kastendiek, Hans; Rohe, Karl; Volle, Angelika (Hrsg.); Länderbericht Großbritannien: Geschichte, Politik, Wirtschaft, Gesellschaft; (= Bundeszentrale für politische Bildung; Schriftenreihe; Bd. 354); aktualisierte und erweiterte Auflage; Bonn; Seite 459 – 475.

Wagner, Wolfgang (1999); Die Finanzverfassung der Europäischen Union: Entwicklung, Prinzipien und Reformdiskussion; in: Aus Politik und Zeitgeschichte; 49. Jahrgang, Nr. B1-2; Seite 32 – 38.

Walter, Gerd (1996); EU-Finanzierung auf dem Prüfstand – Reform statt Fundamentalattacke; in: Integration, 19. Jahrgang, Nr. 3; Seite 164 – 168.

Wartenweiler, Roland (1980); Ungleichgewichte in den EG-Finanzstrukturen; in: Europa-Archiv, 35. Jahrgang, Folge 17; Seite 521 – 528.

Weidenfeld, Werner (1986); Die Bilanz der Europäischen Integration 1985; in: Weidenfeld, Werner; Wessels, Wolfgang (Hrsg.); Jahrbuch der Europäischen Integration 1985; Bonn; Seite 13 – 28.

Weidenfeld, Werner (1995); Europäische Einigung im historischen Überblick; in: Weidenfeld, Werner; Wessels, Wolfgang (Hrsg.); Europa von A – Z: Taschenbuch der europäischen Integration; 5. Auflage; Bonn; Seite 11 – 62.

Weidenfeld, Werner (1999); Europa – aber wo liegt es?; in: Weidenfeld, Werner (Hrsg.); Europa-Handbuch; (=Bundeszentrale für politische Bildung; Schriftenreihe; Bd. 359); Bonn; Seite 19 – 48.

Weilemann, Peter (1983); Die Anfänge der Europäischen Atomgemeinschaft: zur Gründungsgeschichte von EURATOM 1955 – 1957; Baden-Baden.

Weindl, Josef; Woyke, Wichard (1999); Die Europäische Union: institutionelles System, Binnenmarkt sowie Wirtschafts- und Währungsunion auf der Grundlage des Maastrichter Vertrages; (= Managementwissen für Studium und Praxis); 4. aktualisierte und erweiterte Auflage; München, Wien.

Weise, Christian (1996); Osterweiterung der EU: Finanzierung erfordert Reformen; in: DIW-Wochenbericht, 63. Jahrgang, Nr. 49/96; Seite 785 – 793.

Weise, Christian (1997); Deutsche Debatte um den EU-Haushalt: Senkung des Nettobeitrags kein Reformersatz; in: DIW-Wochenbericht, 64. Jahrgang, Nr. 40/97; Seite 730 – 737.

Werner, Georg (1988); EG-Finanzen: Grundsätzliche Reformen sind unerläßlich; Karl-Bräuer-Institut des Bundes der Steuerzahler e.V. (Hrsg.); (= Heft 63); Wiesbaden.

Wessels, Wolfgang; Diederichs, Udo (1995); Europäische Union; in: Weidenfeld, Werner; Wessels, Wolfgang (Hrsg.); Europa von A – Z: Taschenbuch der Europäischen Integration; 5. Auflage; Bonn; Seite 172 – 178.

Wieczorek-Zeul, Heidemarie (1998/99); Agenda 2000 – Schritte auf dem Weg zur Osterweiterung der Europäischen Union; in: Wittschorek, Peter

(Hrsg.); AGENDA 2000: Herausforderungen an die Europäische Union und an Deutschland; (= Schriften des Zentrum für Europäische Integrationsforschung; Bd. 8; Kühnhardt, Ludger (Hrsg.)); Baden-Baden; Seite 253 – 263.

Wissenschaftliche Beirat beim Bundesministerium für Wirtschaft und Technologie (1999); Neuordnung des Finanzierungssystems der Europäischen Gemeinschaft; Bundesministerium für Wirtschaft und Technologie (Hrsg.); (= Nr. 455); Bonn.

von Wogau, Karl (1999); Die zukünftige Finanzierung der EU: Wird der deutsche Nettobeitrag vermindert?; in: Wirtschaftsdienst, 79. Jahrgang, Nr. 2; Scitc 75 ff. .

Woyke, Wichard (1987); Frankreichs Aussenpolitk von de Gaulle bis Mitterand; Opladen.

Woyke, Wichard (1998); Europäische Union: erfolgreiche Krisengemeinschaft. Einführung in Geschichte, Strukturen, Prozesse und Politiken; (= Lehr- und Handbücher der Politikwissenschaft); unter Mitarbeit von Varwick, Johannes; München, Wien.

Wulf-Mathies, Monika (1999); Agenda 2000 und die Reform der Europäischen Struktur- und Regionalpolitik; in: WSI Mitteilungen, 52. Jahrgang, Nr. 6; Seite 362 – 371.

Zeitel, Natascha (1998); Europäische Regionalpolitik im Spannungsfeld zwischen ökonomischer Zielsetzung und Interessenausgleich; (= Europäische Hochschulschriften; Reihe 31, Politikwissenschaft; Bd. 354); Frankfurt am Main, Berlin, Bern, New York, Paris, Wien.